名师名校名校长

凝聚名师共识
回应名师关怀
打造名师品牌
培育名师群体

　　　　　陶继新选题

名师名校名校长书系

熊福建　刘国文　顾士伟　/ 著

基于核心素养的"问学课堂"实践研究

东北师范大学出版社

长　春

图书在版编目（CIP）数据

问道：基于核心素养的"问学课堂"实践研究 / 熊福建，刘国文，顾士伟著.—长春：东北师范大学出版社，2019.6
ISBN 978-7-5681-5892-3

Ⅰ.①问… Ⅱ.①熊…②刘…③顾… Ⅲ.①课堂教学—教学研究—小学 Ⅳ.①G622.421

中国版本图书馆CIP数据核字（2019）第122679号

□策划创意：刘　鹏
□责任编辑：李占伟　张新宁　　□封面设计：姜　龙
□责任校对：刘彦妮　张小娅　　□责任印制：张允豪

东北师范大学出版社出版发行
长春净月经济开发区金宝街118号（邮政编码：130117）
电话：0431-84568115
网址：http://www.nenup.com
北京言之凿文化发展有限公司设计部制版
廊坊市金朗印刷有限公司印装
廊坊市广阳区廊万路18号（邮编：065000）
2022年6月第1版　2022年6月第1次印刷
幅面尺寸：170mm×240mm　印张：14　字数：231千

定价：45.00元

序 言

君子尊德性而道问学,致广大而尽精微。

——《中庸》

在积极倡导"核心素养"教育,落实立德树人根本任务的时代背景下,让学生具备能够适应终身发展和社会发展需要的批判性思维、创造性思维和协作性思维的品格和能力,将成为当下相当一段时间内学校教育的发展方向和使命。如今,任何一所学校不依托课堂教学变革,不进行课堂教学的转型,都无法真正逼近教育改革的核心地带。基于对当下课堂教学实践的理性反思,我校积极探讨适合未来人才需求、学生成长规律、核心素养养成的课程教学样态,围绕"问学合一,自主成长"的理念,全面构建致力于学生核心素养培养与发展的"问学课堂"。

"问学课堂"的实践探索,始于2011年我校所开展的"建构式生态课堂"教学改革,随着我校"宽和问学"办学理念的逐渐凝练,以及课堂教学改革的深入,我校从2013年提出了基于学生核心素养培养的课堂转型研究——"问学课堂"的实践探索,旨在通过"问学课堂"的教学改革,达到发展学生素养的育人目标,从而实现人的生命成长在课程设计与实施过程等方面的确认与回归。2016年,《致力于学生素养发展的"问学课堂"实践探索》成功立项为江苏省基础教育前瞻性教学改革实验项目(苏教办基〔2016〕9号),我们在理清"核心素养"和"学科关键能力"的实质内涵和逻辑起点的同时,充分融合学校"宽和问学"的文化理念,积极探索与其相匹配的培育路径。

"问学课堂"实践探索的理念创新主要有四点:

第一,在改革理念上,变革"以知识点教学"为纲的讲授范式,"问学范式"强调学生的主体存在与表现,关注学生的好奇心和求知欲,既符合人本思想,又是对学生"适性发展"的个体确认。

第二,在教学实践中,关注学生核心素养的形成路径、策略与机制,在不抛开系统知识学习的前提下，将知识点的学习与发展学生素养有机融合在一起，以达成发展学生素养的最终目标。

第三，在模式变革上，"问学教合一"改变了原有的教学模式，更能激发学生的好奇心、求知欲，问学意识、创新精神是"问学范式"的核心要素，切实转变了原有教与学的方式，对推动新时期、新背景下的教学改革有着积极的意义。

第四，在课程设置上，契合"问学课堂"改革，并为学生提供了可选择的课程内容。把课程选择的权利下移给学生，把课堂交给学生，让学生有更多的机会走进"问学"课堂、"问学"社会、"问学"世界……从而获得一生发展与成长所必需的"五项核心素养"（健康身心、宽和心怀、问学精神、审美情趣、超越意志）。如人与社会，旨在培养宽和心怀，引导学生以宽厚、谦和的心态待人接物，理解和接受人与人之间的差异，做到口中有德、行中有善、心中有爱；人与工具，旨在培养问学精神，引导学生主动建构学习，培养具有探索和创新精神的、较强的思维品质与表达能力，激发对事物的好奇心，发现并提出问题，能够借助信息媒体等资源，通过合理分析和合作探究等学习手段，依据已有认知，设计问题解决方案等。

"问学课堂"教学实践也取得了如下成效：

一是实现了对传统课堂教学样态的发展与超越。"问学课堂"转型打破传统的"知识"主宰课堂的局面，创生"启智善问，问学相长、合作共享"的动态课堂范式，致力于改变教与学的方式，为每一个学生个体的素养成长提供最大可能。

二是促进了学校文化与课改理念的嫁接与融合。"宽和问学"是一附小教育集团的学校文化精髓，旨在激励一附人在宽厚宽和、善而好学的良好氛围中谋求师生的自主发展和创新实践，而以核心素养发展和终身学习为主体的教育发展模型，也正在成为新一轮课程改革深化的方向。指向学生关键能力培育的"问学课堂"研究，正是融合了二者的理念精髓，共同指向"人"的发展。

三是理论思考与认识走向认同、趋向系统。我校近三年间共发表研究文章20余篇，《回到核心素养："问学课堂"的范式构建与实施》《成长在"问学"路上——基于学生核心素养发展的课程深度建构与教学改革试验》《致力于学生素养发展的"问学课堂"》等研究成果在《小学教学研究》等省级以上杂志发表，多篇被人大报刊全文转载，理论探索正趋于整体化、系列化，为实践的展开奠定了坚实基础。

四是实践改革与探索走向广域、趋向普适。近几年，围绕"问学课堂"建设，学校举行省级活动5次，市级活动8次，联盟共同体活动18次，校内研究活动40余次，相继承办了"市小学课堂教学现场会""市小学课堂教学改革推进会""全国小学课改与学校特色发展现场观摩活动""省小学课堂教学改革现场会""市小学语文课改成果展示"等活动，学校连续两次在省小学教学改革现场会上交流"问学课堂"课改经验，数百人次在各级活动中执教"问学课堂"示范课。

五是区域示范与影响走向可操作、可复制。江苏教育电视台、《江苏教育》、《连云港日报》、《苍梧晚报》等多家省、市媒体先后16次对我校的"问学课堂"进行宣传报道，相继以《成长在问学路上》《勇涉课改深水区》《传承创新——缔结两河文化宽和问学引擎自主发展》《用文化引领集团高位内涵发展》等为题进行专题报道，推介我校的"问学课堂"改革成果。

"问学课堂"教学改革为我们勾勒了一幅美丽的教育图案。

未来不是我们要去的地方，而是我们要创造的地方。

通向未来的路不是找到的，而是走出来的。

不为彼岸，只为海。

不学不成，不问不知。

我们将一直行走在"问学"路上……

致 谢

本书呈现了江苏省基础教育前瞻性教学改革实验项目"致力于学生素养发展的'问学课堂'实践探索"的研究成果。无论是"问学课堂"项目的研究，还是本书的出版，都离不开长期以来关心、支持、帮助我们的各位领导、同行、朋友们，在此致以深深的谢意！

感谢研究团队所有成员——江姝、陈红、金立明、张永虎、金凤、张未、马玉春、张晓英、秦静、许冰彬、马鹏华、王永青、周黎明、周飞、李夏云的无私奉献，是你们积极参与研究、实践，并不断地提出宝贵意见，才丰富了对"问学课堂"的理解和创造，使它更有意义。

感谢学校的全体教师，大家的探索热情和智慧，使得研究广开思路、顺利开展，使得我们的学生在"问学课堂"中快乐地学习。

感谢陆志平先生、邵泽斌教授多年来给予的指导和帮助。

特别感谢王金涛、郭有吉两位特级教师的辛勤劳动和专业指导，是他们在工作期间为"问学课堂"实验工作的开展奠定了坚实的基础。他们虽然赶赴南京工作，仍然心系学校、情系项目，为"问学课堂"的研究发挥才智、竭尽所能。

最后，感谢出版社的专家、编辑为本书的出版精心策划和细致编审！你们实事求是的工作态度和作风，使本书更科学、严谨。

本书梳理、撰写的过程，也是对"问学课堂"改革试验过程的成果剖析、整理的过程。笔者积淀尚浅、水平有限，加之笔拙，书中难免有疏漏与偏颇之处，恳请读者给予宝贵建议，从而使得"问学课堂"的研究更加深入，使得课堂因学生而更加精彩！

目 录

第一章
"问学课堂"的理论架构

"问学课堂"的概念界定 …………………………………… 2
"问学课堂"的前瞻理念 …………………………………… 4
"问学课堂"的内涵特征 …………………………………… 7
"问学课堂"的实施原则 …………………………………… 9
"问学课堂"的价值意蕴 …………………………………… 11

第二章
"问学课堂"的实践样态

"问学课堂"的基本范式 …………………………………… 16
"问学课堂"的操作要领 …………………………………… 19
"问学课堂"的推进策略 …………………………………… 27
"问学课堂"的效能比析 …………………………………… 29
"问学课堂"的教学研讨 …………………………………… 38

第三章
宽和问学的学校改革

"自主成长课程"的深度实践 ……………………………… 46
"宽和教育"评价的改革实验 ……………………………… 64
"宽和问学"文化的环境重构 ……………………………… 80
学校改革项目的发展成效 ………………………………… 89

第四章

"问学课堂"的学科范式

语文课程范式建构与策略再造 ·················· 96

数学课程范式建构与策略再造 ·················· 108

英语课程范式建构与策略再造 ·················· 119

其他学科"问学课堂"研究 ····················· 131

  科学之问学共生：让科学启蒙教育沁润童心 ············ 131

  体育之"问学模式"在足球传接球教学中的教研探究 ······· 141

第五章

"问学课堂"的课例研究

语文课例研究及实施反思 ······················ 152

  课例1：《姥姥的剪纸》教学实录 ················ 152

  课例2：《少年王冕》教学实录 ················· 161

数学课例样态及实施反思 ······················ 169

  课例1：构建问学网络，提升几何素养 ·············· 169

  课例2：《解决问题的策略——转化》教学实录与反思 ········ 177

英语课例样态及实施反思 ······················ 196

  6A Unit 3《It was there!》第一课时教学实践 ·········· 196

科学课例研究及实施反思 ······················ 202

  在"问与学"中发现事物的本质 ················· 202

参考文献 ······························· 213

第一章

"问学课堂"的理论架构

基于对当下课堂教学实践的理性反思，我们一直在追问：在一附小教育集团"宽和问学"的文化背景下，我们该如何重建我们的课堂生态，从而不断丰富"成长课程"的内涵，推动"成长课程"的可持续发展？

经过反复论证与实践探索，我们确立了以"宽和问学"为文化背景的课堂教学改革的方向，以教育部提出的"核心素养"来指导、引领、辐射学科课程教学，充分彰显学科课程的育人价值，力求实现从"学科教学"向"学科教育"的转变，以及从"知识本位"向"素养引领"的转变。基于这样的目标定位，我们提出了"问学合一，自主成长"这一课堂教学理念，并着力构建"问学课堂"的文化内涵，开展"问学课堂"的改革与实践。"问学课堂"所指向的是对"儿童"的确认，以及对"儿童"的核心素养的价值诉求，这也是当下从"知识核心时代"走向"核心素养时代"的必然要求。

"问学课堂"的概念界定

"问学课堂"的改革，是以发展学生的素养为指向，以呵护与激发学生的好奇心、求知欲为目的，通过课堂教学改革改变传统"以纲为本""以知识点串讲"的教学方式，建构致力于发展学生素养的"问学课堂"，探索以学生生成的问题为导向的"问学范式"，并探索建构"问学课堂"的结构、程序、评估等，把握"问学课堂"的主要特质，探索"问学课堂"的实施策略。

一、"问"与"学"的关系阐释

问学，顾名思义就是由"问"而"学"、以"问"启"学"、由"问"研"学"、因"问"成"学"、"问""学"循环、"问""学"相长。

具体阐释它们之间的关系：即问中学，学中问；因学而好问，因问而深学；"问"为"学"指明了方向，是"学"的思维起点，"学"是对"问"的探索，是经历解惑的过程，能够促进思维的发展，催生人的智慧，获得解惑的快乐；"问""学"相融，相辅相成、螺旋上升，同构共生。所以，我们说"问学"不是一般意义上的提问，而是一种思维品质，是合乎学生天性、顺应学生发展的一种学习方式。

二、"问学课堂"的概念界定

问学课堂，是学生第一的课堂，是以学生"问"与"学"为主导的课堂，强调的是学生的自主性与主动性，是让学生在课堂上主动地"问"，快乐地"学"，真正地使"问"与"学"能够发生在每一名学生的身上，学生永远站在"课中央"。当然，"问学课堂"也不仅仅是学生在"问学"，教师同样也在"问学"，教师要基于学情，紧扣目标，问课表、问教材、问教法、问学情……所强调的是教师要敢于退位，让问、让学，适度施教、以学定教、变教为学，力求让"教什么""怎么教"更加贴近学生的需求。只有这样，学生的"问学"与教师的"问学"才能和谐共振，课堂才有活力与张力，才能呈现出一种动态平衡，从而促使学生核心素养的养成与发展。

在具体的教学实践中，即通过设置符合学生认知起点并能激发学生思考的学习情境，由学生提出适宜深度探究，能让师生共同参与、广泛交流的核心问题，并在核心问题的引领下开展学习活动，让学生充分经历思考、探究、发现、感悟和拓展的过程，教师在师生、生生的对话交流碰撞中实现对学生学习活动的指导和点拨，并能抓住问题创生的节点推动学生思维广度和深度的扩展，形成敢问、善问、喜学、会学的课堂生态，实现"问"和"学"的和谐统一，并从中获得学习的愉悦感、陶醉感和亢奋感，使学生的精神世界不断得到升华。

"问学课堂"的前瞻理念

一、"问学课堂"的内涵思考具有前见性

提出"致力于学生素养发展的'问学课堂'实践探索"这一前瞻性课堂教学改革,主要基于以下三个方面的思考:

其一,从围绕"知识点"的"问答教学"转向致力于"发展学生素养"的"问学课堂"的实践,是深化课堂教学改革的重要转折,如图1所示。

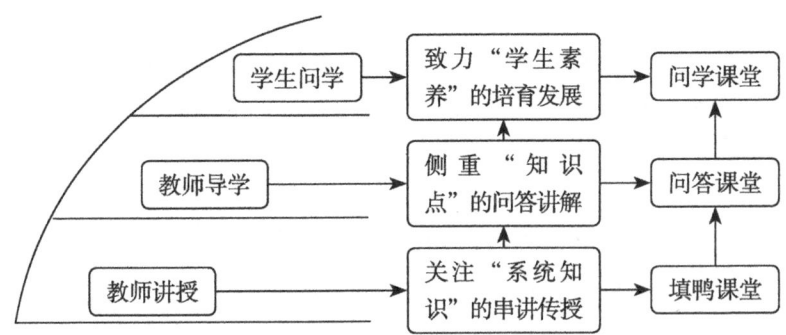

图1 "问学课堂"与其他课堂教学范式效能的比较示意图

教学的本质就是让学生学会学习。"问学课堂"有别于以往"教师讲授"所关注的"系统知识"的串讲传授、"教师导学"所侧重的"知识点"的问答讲解,也有别于以教师为中心,或是以"系统知识"和"知识点"学习为中心的教学。"问学课堂"是以发展学生的素养为指向,以学生为中心,旨在培养学生的问题意识、创新精神,发展学生的核心素养,这是当前深化课堂教学改革的一个重要"分水岭",对确立与引领当前乃至今后的课堂教学改革方向有着积极的意义。

其二,开放的世界,需要我们改变传统以知识为纲的教学,具备能够适

应终身发展和社会发展需要的必备品格和关键能力，培养问学品质、创新精神，是时代发展赋予教学改革的一个重要使命。

当今社会是信息化、网络化、全球化的社会，也是一个知识经济的时代，信息技术日新月异，知识和信息迅速地更新，实现爆炸式增长。传统以知识为纲的教学显然不能使学生掌握应对复杂多变的当今世界所需的技能。"问学课堂"的变革，可以为学生提供一个"问学"社会、"问学"世界的窗口，拥有一个可以独立放眼世界的"全球视野"，让学生自己去发现问题、解决问题，让他们能够独立应对快速变化的社会。这也是我们试图从改变"课堂结构"与"教学关系"这两个阶段的基础上，向改变"教学意义"这个阶段迈进的关键性标志。

第三，规避"一个标准"的教育教学行为，积极探索适合学生"适性发展"的"问学"策略、路径与方法，是对当下学生好奇心、求知欲的呵护与培育，也是落实并发展学生核心素养的重要举措。

爱因斯坦提出："我们思想的发展在某种意义上常常来源于好奇心。"但当前"一个标准"的教育教学行为仍然盛行，既折射出现行育人模式的变革滞后，又忽视了学生作为一个独立个体生命的存在，不尊重学生个体差异，导致学生从入学第一天开始，好奇心、求知欲就在不断地弱化、退化。"问学课堂"的实践就是要规避与改变这种教育教学行为，为学生创造一个"宽和问学"的学习环境，积极探索在新时期适合于学生"适性发展"的"问学"策略、路径与方法，充分激发与呵护学生与生俱来的好奇心和求知欲，并伴随他们快乐地走过小学六年的学习生活，为其一生的成长发展奠定坚实的基础，这是教育教学改革的最终目的。

如果说，"核心素养"的确立，所解决的是"培养什么人"的问题，那么，"问学课堂"恰恰就是在落实与解决"怎样培养人"的问题。

二、"问学课堂"的规划路径具有前沿性

一是建设适合学生"问学"的智慧化学习环境。校园建设主动融入大数据发展战略、"互联网+"行动计划，依托"云海在线"打造云智能基础设施与虚拟网络存储空间，实现学习共享，形成生生、师生间"问学"共同体。

二是建设促进"问学课堂"开展的智能教学平台。未来以期通过智能教学平台的运用，学生可以与教师实时互动，教师可以"一对多"地解决不同学

生的问题，充分调动学生课堂学习的积极性，使每一名学生都参与其中；教师可以实时监控每一名学生的学习过程，了解其学习进展与困难，进行个性化指导。

三、"问学课堂"的研究思路与目标具有前瞻性

一是根据项目研究的需要，我们规划与架构了研究框架，如图2所示。

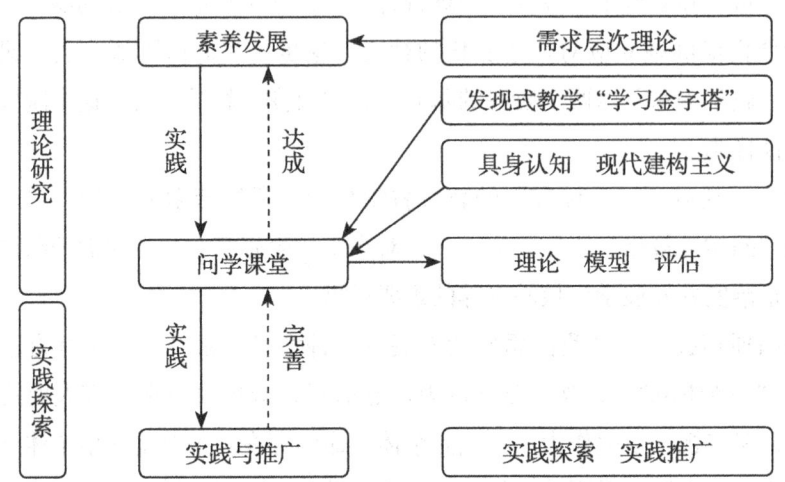

图2 项目研究框架示意图

二是主要研究思路为：

首先，从学生发展的核心素养出发，依据马斯洛的需求层次理论，探索学生素养形成的理论支撑和实践原则。

其次，依据布鲁纳的发现式教学理论、戴尔的学习金字塔理论、现代建构主义理论及具身认知理论等，研究"问学课堂"的培养目标、模型、程序、评估等，建构致力于学生素养发展的"问学课堂"基本范式。

再次，依据"问学课堂"基本范式，以及其结构、程序、评估等内涵，探讨将理论转化为行动的路径，并不断实现素养发展的顶层目标。

最后，通过"问学课堂"的深度实践，不断完善"问学课堂"的内涵，推广"问学课堂"的项目成果。

"问学课堂"的内涵特征

"宽和问学"是我校提出的办学理念,这一理念也是对"立德树人"的积极回应,"宽和"彰显育人目标,"问学"则凸显做学精神,基于开发学生"问学力"的"问学课堂"的教学改革与深度实践,面向未来学生个性化学习需求,聚焦学生适应未来社会发展和个人终身发展所必备的核心素养。其内涵特质主要体现在以下几个方面:

一是"问学课堂"不同于以往的"问答课堂""填鸭课堂"。这些课堂所关注的是"系统知识""知识点""双基",忽视了学生综合素养的培养与发展,"问学课堂"则致力于"学生素养"的发展,其具体内涵与区别如表1所示。

表1 课堂内涵特征比较

课堂样态	主体定位	关注内容	教学范式	学生状态
问学课堂	学生→教师	学生素养发展	问学范式	问、学,好奇心、求知欲旺盛
问答课堂	教师→学生	知识点讲解	导学范式	对答,被牵着鼻子走,积极性不高
填鸭课堂	教师→学生	系统知识、"双基"灌输	讲授范式	听讲,完全被动接受,没有自主思维活动

二是"问学课堂"是教师根据学生的问题来组织教学。即让学生在学习系统知识、知识点的过程中去主动发现问题、解决问题,不是围绕教师精心设计的问题以及已有的答案来学习,更不是教师设计一些疑难问题让学生来"公关",学习的过程已经不是简单的系统知识的学习,而是已扩展到与学生生活知识相关联的问题,以及生长过程中出现的问题等,应该说更为关注学生的学习态度、方式、方法、进程等方面的选择、评估与调控,以及批判质疑、问题解决等素养的形成。

三是"问学课堂"关注学生习得知识的过程中,学生作为个体"人"的成长。这与学生核心素养发展的精神相吻合,符合人本主义思想、马斯洛需求层次理论和建构主义理论,因为"学生是有血有肉的人,教育的目的是激发和引导他们自我探寻发展之路"(怀特海《教育的目的》)。这些理论为"问学课堂"的结构、程序、评估及基本范式的构建提供了理论支持,其主要特征包括实践性、探究性、创造性、发展性,适性发展原则是其最基本的原则。

"问学课堂"的实施原则

"问学课堂"是学生的课堂、实践的课堂、生活的课堂,也是文化的课堂,问学无边界。"问学课堂"在实践着从"学科教学"向"学科教育"转变,从"知识本位"向"素养引领"转变的同时,有着自身的实施原则。

一、"自主性"原则:"问学课堂"的出发点

"不要因为走得太远而忘记为什么出发。"课堂改革也同样如此。成人的学习往往始于"学",而后"问";而小学生的学习则一般始于"问",而后"学"。"问"的发生,是"问学课堂"的起点,而它恰恰就是建立在学生对学习内容的自主思考的基础上,学生对学习内容有了自己的认知,当新知识和学生已有的认知结构发生冲突,这样学生的问题意识才可能被激活。所以,课堂上要有充分的时间和空间来保证学生自主学习的发生,教师要站在促进学生素养发展的高度上理性地整合和调整学生生成性问题的方向,以促进学生的学习自主性和创造性得到充分发挥。

二、"统领性"原则:"问学课堂"的核心点

没有统整过的课堂教学是散的,同样,没有统整的问题的课堂是有问题的。"牵一发而动全身""提领而顿,百毛皆顺"说的都是这个道理,那就是要用核心问题来统领整体。爱因斯坦说:"提出一个问题往往比解决一个问题更为重要。"问学课堂就是在为学生创设学习情境,催生学生对"核心问题"的提出,并通过"核心问题"统领整节课的"问学"活动,充分给予学生多元理解的时间和空间,打破教师的过度牵引,让"问"和"学"直面学生思维的多样性和独特性,进而实现集中的、深层次的思维碰撞,从而让学生获得知识的深层建构,最终让"问"和"学"的行为自然地在课堂上发生。

三、"发展性"原则:"问学课堂"的生长点

学生是生长中的学生,学生的课堂也应该是生长的课堂、发展的课堂。"任何新生事物在开始时都不过是一株幼苗,一切新生事物之可贵,就因为在这新生的幼苗中,有无限的活力在成长,成长为巨人,成长为力量。""问学课堂"注重从"学科教学"走向"学科教育"是发展,从"知识本位"向"素养引领"转变也是发展。著名教育家叶澜教授在他的《重建课堂教学价值观》一文中写道:"每个学科对学生的发展价值,除了一个领域的知识以外,从更深的层次看,至少还可以为学生认识、阐述、感受、体悟、改变这个自己活在其中,并与其不断互动着的、丰富多彩的世界……"问学课堂,不仅彰显的是学科知识对学生的发展,更彰显出学生在问学过程中个体生命世界的发展与成长。

"问学课堂"的价值意蕴

一、针对传统课堂"问、学、教"失衡的浅层化学习方式,提出了基于深度学习的"问学课堂"新理念

学生是课堂存在的初衷、指向及延续,只有还课堂以学生,才能创造本属于它的精彩。"问学课堂"就是这样的课堂,"学"随"问"而展开,"教"则着眼于"学"而予以精准的点拨与释疑,实现"问⟵⟶学⟵⟶教"交互式学习方式的转变,最终目的是让学生的"问学合一,自主成长"得到真正的发展。"问学课堂"是学生"与他人对话",更是"与自我对话",从而在不断的批判反思中智慧成长。"问学课堂"的核心特征主要有两个方面:一是问题引领学生学习,即学会提问、因问而学、问学交融;二是学生情感、思维的深度参与和持续思考,有机链接学生的问题与学科核心问题,让发散思维和聚合思维有机结合,实现深度学习。

二、针对传统课堂"问、学、教"形式化的课堂形态,建构了基于真实学习的"问学驱动、以问定教"的课堂新模式

以发展学生的核心素养为指向,对"问学课堂"进行深入的探索与实践,构建"问学课堂"模型结构,如图1所示。

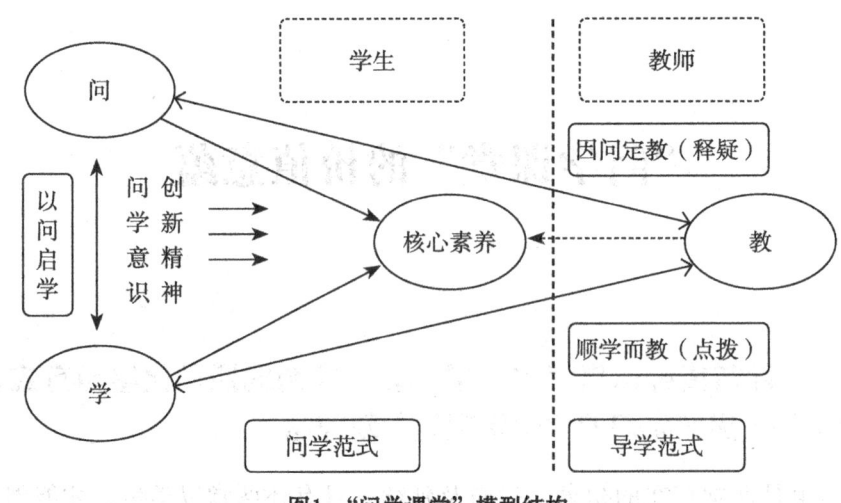

图1 "问学课堂"模型结构

"问学课堂"的模型结构是以学生的"问学"为主导,辅以教师释疑、精准点拨,二者相辅相成,互为作用,学生在学习过程中问题意识和创新精神等得到培养,并最终达成发展学生核心素养的目标。学习不是单一的听讲,而是整体性、多样态的学习。"问学课堂"是建立在以"问"为支架的学习方式,是一种变革范式,指向学生的深度学习以及关键能力的形成。

三、针对传统课堂"问、学、教"孤立化的教学过程,创设了基于能动学习的"问题滚动、问学联动、问教互动"的教学新路径

"问学课堂"的现实意义就是实现了"问学教合一"方式的变革,课堂中,学生的学习主动性与创造性凸显,"问"与"学"关系的衔接更加合理,通过学生"问学"、教师"教"的范式架构科学。教学中,可基于"核心问题",通过"问学教合一"的路径,以及教师的点拨、释疑,激发学生提出问题、筛选问题、讨论问题、解决问题的兴趣,以问启学,有效推进"问学课堂"的开展,如图4所示。

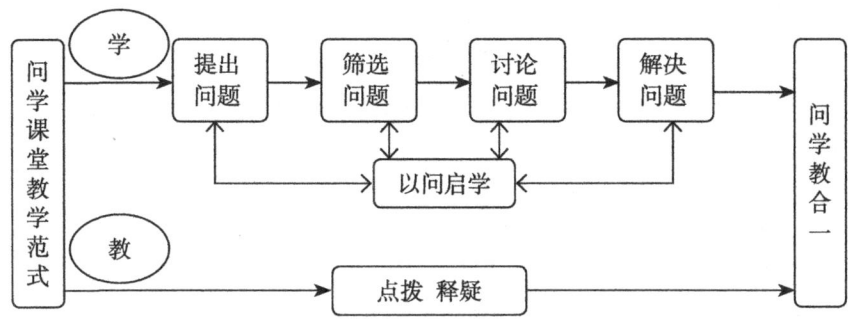

图2 "问学课堂"实施路径流程图

第二章

"问学课堂"的实践样态

致力于学生素养发展的"问学课堂"的教学实践,在改革理念上,变革"以知识点教学"为纲的讲授范式,"问学范式"则是一种变革范式,强调学生主体存在与表现,关注学生的好奇心和求知欲,既符合人本思想,又是对学生"适性发展"的个体确认;而在实践上,关注学生核心素养的形成路径、策略与机制,在没有抛开系统知识学习的前提下,将知识点的学习与发展学生素养有机融合在一起,以达成发展学生核心素养的最终目标。

"问学课堂"的"问"与"学"就是在扎根于"宽和问学"的成长文化和实践中建构起来的,既满足了学生成长的生命需求,也为学生走向生活历练了关键能力,不仅奠定了学生核心素养的形成,也促进了学生的自主成长。为此,我们不断深入课堂教学改革,实现"问学课堂"教学范式的优化提升。

"问学课堂"的基本范式

基于对"问学课堂"提出的缘由和理念内涵的深度解读，我们尝试构建"问学课堂"的基本范式，以推动我校"问学课堂"向纵深发展，逐步实现从"学科教学"走向"学科教育"、从"知识本位"向"素养引领"的转变，从而达到预期的课改愿景。

每一种教学范式的产生与流行，都是某一种占主导地位的教育思潮在实践中的反映。"问学课堂"基本教学范式所构建与展开的就是"问学"与"教学"之间的博弈。而"问"与"学"的路径与策略的构建，其目的则是让学生在问学的过程中会"问"、会"学"，习得方法、生成经验、发展素养。"问学课堂"的基本教学范式如图1所示。

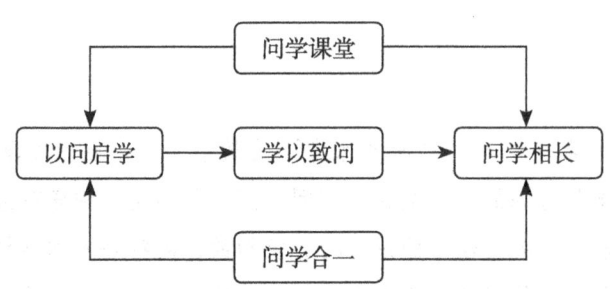

图1 "问学课堂"基本教学范式

"问学课堂"的教学范式是以建构主义理论为指导，而"问学教合一"方式的变革及特征诠释了"问学课堂"的现实意义与价值。

通过"问学范式"的构建，我们旨在解决如下现实问题：

一是实现从"知识点"为纲的教学转向以"发展学生素养"为指向的"问学课堂"的教学改革。

二是尊重学生的差异，创造一个"宽和问学"的学习氛围，让他们能够主动提出问题、形成假设，并通过科学方法检验求证，得出结论，并能将创新理念生活化、实践化，运用于日常生活和学习。

三是保护学生的好奇心和想象力，让他们敢于质疑，善于提出新观点、新方法，并能进行理性分析，做出独立判断等。

四是培养学生数字学习的能力，"问学"社会，"问学"互联网，主动适应"互联网+"等社会信息化趋势等。

"以问启学—学以致问—问学相长"，三个环节都是围绕"问"与"学"展开的，问学合一，互为作用，激励学生做一个"善问好学"的课堂智者。而且，每个环节既可以独立存在，也可以交叉进行，并不局限于学科、学段的影响，当然更多是这三个环节的层层推进与螺旋上升，从而实现"问学合一"的目的。

一、"以问启学"环节

以"问"为发端的学习是合乎学生的天性、顺应学生发展的一种学习方式。这一方式既是对当下学生在课堂上不敢"问"、不会"问"、无权"问"的一种回应，也是对教师课堂过度"教"和"讲"的一种解放。"以问启学"，就是在上课伊始把"问"的主动权还给学生，让学生在课堂上"敢问""会问"，师生共同提出并设计有价值的问题（即核心问题），从而开启学生"学"的思维，让"学"真正发生在每一名学生的身上，以此来夯实"以学定教，变教为学"的教学理念。

二、"学以致问"环节

"学以致问"这个环节就是教师针对上面提出的"核心问题"，让"学"的指向性更加明确与聚焦，目的就是要在课堂上通过"学"去解决师生所提出来的"核心问题"。美国课程学家拉尔夫·泰勒曾说："学习是通过学生的主动行为而发生的，学生的学习取决于他自己做了什么，而不是教师做了什么。"当然这也包括学生自己的一些个性化的问题，以及课堂上即时生成的一些有价值的问题，以此进一步揭示问题的本质和规律，实现由"学以致问"向"学以致用"的转变，发展素养，走向运用，达成"学"的终极目的。

三、"问学相长"环节

"问学相长"既是预设,也有生成;既包含了学生的"问"与"学",也暗含着教师的"问"与"学"。学生的智慧生长就在"问"与"学"之间,在提出问题与解决问题之间,来回行走,相互砥砺,汲取一种生长的力量,从而获得可持续发展的核心素养。课堂上,教师不是旁观者,而是一位合作者、参与者,其导向的作用不但没有淡化,而且尤为重要,因为此时随着教师的导向——"问"与"学"的深入,即问题的不断生成与知识、情感、态度等的不断提升,必然也影响着学生的"问"与"学"发展。因学而好问,因问而深学,"问学"无边界,学生与教师的"问学之道"就在于此——问学相长,让师生走出了课堂,走向了世界,永远行走在"问学"的路上……

"问学课堂"的操作要领

诺贝尔物理学奖获得者李政道曾说:"要创新,需学问,只学答,非学问,问愈透,创更新。"这段话很好地阐述了"问学"对于创新的作用,"问学"应该成为学生学习的重要方式。实际上,学生是充满好奇心的,他们的学习过程就是一个不断发现、提出、分析和解决问题的过程。

一、问题引领学生学习

在"问学课堂"的实施中,我们提倡学生基于自己的真实问题展开学习,具体包括三个要点。第一,学会提问:发展学生自主发现和提出问题的意愿与能力是学习的重要目标;第二,因问而学:真正的学习应从问题开始,让不断产生的问题成为学生学习的动力;第三,问学交融:一方面,学生在不断发现、提出和解决问题中,学习、应用和发展所学的知识和方法,另一方面,在学习过程中,学生能不断发现和提出新问题。

好的问题,可以让课堂更加厚重、灵动,充满思维的碰撞与峰回路转的荡气回肠。教师应该重新唤醒学生心底那份对问题的"情有独钟",鼓励学生提出那些"介于已知与未知之间而又须知"的真实问题。无疑,教师须倾听、鼓励和引导学生,用心呵护学生提问的天性,促使学生"敢问—想问—会问—爱问"。那么,鼓励学生产生问题的途径有哪些呢?

一是营造良好的提问环境。主要有让提问成为教师和学生的共同约定、做学生问题的倾听者与鼓励者、构建学生—教师—同伴提问共同体等。

二是创设体验活动找到提问的感觉。主要有设计体验活动、布置挑战性任务、记录自己的好奇发现等。

三是引领解读好教材文本。主要有运用"解读—思考—提问"的思维模型、借助认知障碍产生问题、问题多了要引导分类筛选等。

四是持续引导产生新问题。主要有使用"如果不是这样，那会怎样"的方法、变换思考角度提出新问题、让学生自由地发问等。

二、学生情感和思维的深度参与

学生最初的问题常常表现为"疑问"，即"是什么""为什么""怎么办"，是一种发散思维的体现。但与此同时，学生的问题会陷入一种套路，或者是脱口而出，并没有融入他们的深度思考。这时，教师应该引导学生情感和思维的深度参与，比如引导学生变换思考问题的角度，例如，可以通过"类比""反向""特殊化"的思考方式提出新问题。总之，在"问学"过程中，教师要不断激发学生的深度参与和持续思考，有机链接学生的问题与学科核心问题，让发散思维和聚合思维有机结合，使问题不断联结，组成问题链，实现思维和情感的充分碰撞。

在"问学课堂"中，问题的发现和提出应该发生在学生学习的整个过程中。问题的不断发酵和产生，正是学生积极参与学习、思维发生碰撞的具体体现，是实现深度学习的必要条件。那么，如何让问题贯穿学习的始终，点亮学生学习的过程？这便需要力求使学生单一的视角更加开放，将散落的疑问变成问题链，让问题能够延续来引领思维的发展。具体的方法如下：

一是展开丰富的联想。例如：指导学生进行联想的路径与方法；拓展学生联想的角度；设计丰富的联想活动等。

二是产生问题链、形成问题网。例如：不断地交流、质疑和完善；持续地观察、尝试和思考；激发思考要不断延续，多分享、少评判，鼓励探索，让热情持续等。

三、基于"问学合一"的策略

"问学合一"的策略可以让学生真正产生持续思考的动力，无论如何，教师都应当积极回应学生的问题，这是让学生进行"问学"的重要保障。教师通过引导学生对问题进行学科内、学科间的梳理和综合，可以帮助学生形成清晰的学习脉络。同时，学生对学习过程进行必要的反思，是促进"问学"这种学习方式自主发生的关键。通过研究，我们形成了"问学合一"的五个方面的策略，如图1所示。

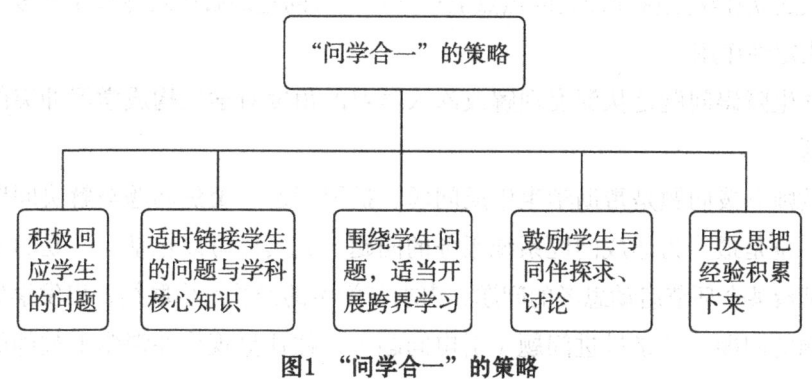

图1 "问学合一"的策略

四、基于"问学"的过程设计

"问学课堂"是以"学科核心问题为基础、学生障碍问题为起点、教师点拨问题为引导"的"三位一体"的过程设计。设计前首先要研究学科的核心问题与学生的障碍问题，然后规划教师的点拨问题，其过程设计模型具体如图2所示。

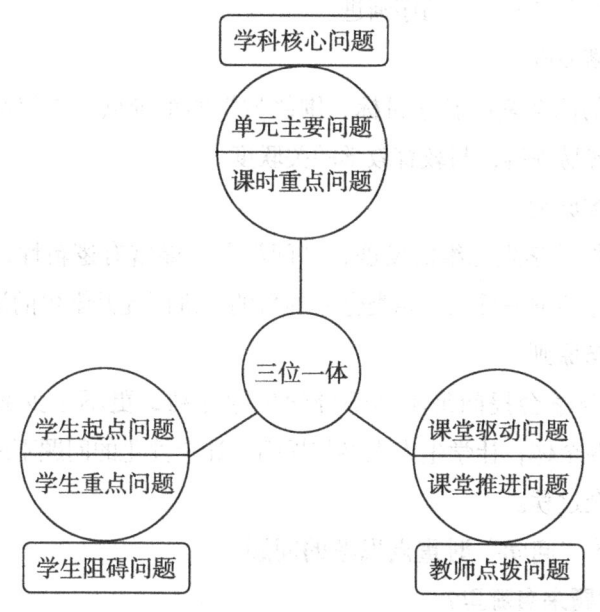

图2 "问学课堂"的过程设计模型

学科核心问题依据学科在本课时的重点问题下产生的课堂统领性问题，其具体特征包括：一是核心问题对于解决学科基本问题具有核心价值；二是核心问题建立在学生认知冲突的焦点上；三是核心问题的解决对达成主要教学目标起决定性作用。

学生障碍问题是从深度理解或深入学习的角度对学生构成学习冲突的瓶颈问题。

教师点拨问题是帮助学生生成问题、扩展问题、聚焦问题与解决问题的问题，也是最终为形成问题系统服务的问题。其具体可以包括：一是驱动问题，是指某个环节启动思考的问题，谋求与学生的经验产生联结，启发学生发现问题的问题。二是推进问题（引申问题），往往呈现为在课堂上教师的追问，是指教师围绕核心问题不断聚焦与深化、归纳与引申的问题，可以是层层推进的问题链，也可以是迂回曲折的问题网，也可以是逐步扩展的问题圈。

（一）"问学"应遵循循序渐进、通俗易懂、启迪思维、全员参与等原则

1. 循序渐进原则

学生在课前、课中、课后都可以生疑，所提的问题要具有系统性，每一个问题都是前面问题的发展，前一个问题则是后一个问题的基础。总之，"问"与"学"系统连贯、循序渐进。

2. 通俗易懂原则

学生所提的问题紧扣教学目标，围绕教学的重难点，语句通俗易懂，语言明确简练、容易理解，与教育教学的关联度大。

3. 启迪思维原则

通过问题促进学生思维的发展，"问学"才能富有逻辑性，以问题启迪学生的思维，达到举一反三、触类旁通的目的，进而提升学生的语文素养。

4. 全员参与原则

参与提问与学会提问绝不是部分学生的专利，更不是少部分学生的专利。教师要关照全体，让学生人人参与提问，让个性化的问题不断呈现，让学生经历学习的全过程。

（二）设计"问学"时重点思考的问题

思考1：问题来自哪里？

我们的问题可以来自教材、教师、学生，但更重要、最核心的是学生学习中产生的问题。

教师在"问学"范式设计时应该更强调以学习中产生的问题为中心，当

然它不是学生中心主义，更不是学科中心主义和教师中心主义，四者之间的关系具体如图3所示。

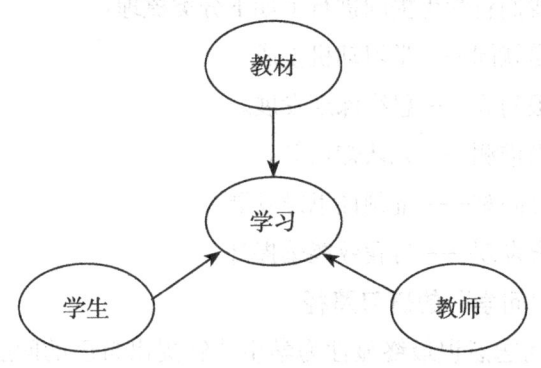

图3　问题来自哪里

思考2：应该教会儿童怎样"问学"？

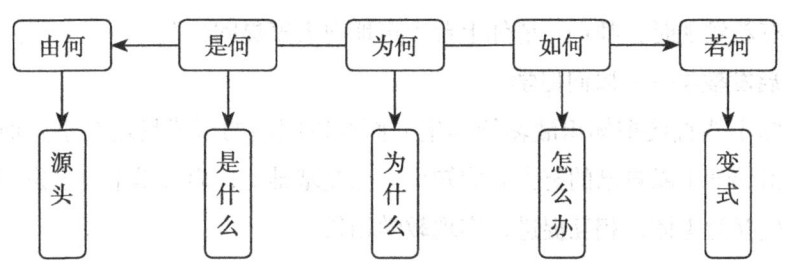

图4　应该教会儿童怎样"问学"

由何（知识源头）——表示问题发生的条件、来历、起因等，问题是怎么被发现的。

是何（是什么）——一些表示事实内容的问题，说明是什么，有关本质、实质、要素的问题。

为何（为什么）——一些表示目的与理由的问题，说明为什么，有关目的、价值、意义、理由的问题。

如何（怎么办）——一些表示方法、途径与状态的问题，说明怎么样，用什么方法、手段、途径，处于怎样的状态或情况等问题。

若何（变式问题）——一些表示情境条件变化的问题，当条件发生变化时，比如在"如果""要是""即使"等情况下的问题。

五、培育学生"问学"的技能

通过实践,我们将学生提问进行了如下分类梳理:

疑问——不懂就问——学习动机生成。

追问——刨根问底——思维深度发展。

设问——假设推测——元认知培养。

反问——质疑问难——批判性思维发展。

新问——探索发现——自我效能感提升。

(一)设计"问学"的研习路径

培养学生的问题意识最终显性为学生能够提出自己的问题并清晰表述问题。课堂可以用如下的一些策略:想让学生关注教师的问题时,师:"猜猜老师的问题是什么?"当学生意识不到自己的问题时,师:"谁来向他提个问题,帮助他思考?"当学生表达不清时,师:"谁来说说他想表达的问题。"当学生有新发现时,师:"请你上台大声地向大家提问!"

1. 启发教学——以问促学

教师不能直接把知识灌输给学生,而要以问题的形式呈现在学生面前,启发、引导学生靠自己的努力获取知识。在此基础上,启发学生自己发问,教师与学生互为主体,相互促进,实现教学相长。

2. 质疑教学——以问促行

课堂上学生的沉默与课下的活跃反差越大,越是说明学生好问、爱说的天性被扼杀。教师必须把对学生进行知识灌输的时间节省出来,培养学生批判的意识,让学生敢于质疑,并围绕问题进行深度探究。

3. 问题教学——以问促思

问题是学生产生新思想、新方法、新知识的种子。问题教学鼓励学生大胆假设,亲身体验,通过小组合作寻求解决问题的办法,经历学习、探究的全过程,大胆批判,从而培养学生的发散性思维能力。

(二)营造安全的提问氛围

教师应当营造一种和谐的学习氛围,把微笑带进课堂。在教学中要及时表扬、鼓励学生的发问,即使学生提出一些很简单的问题,也要给予鼓励,尤其是面对学习困难的学生,更要多一些耐心与等待。

1. 全力放手让学生问

教师要学会放手让学生发问，问教材、问学生、问教师。低年级想问、敢问、好问，中、高年级会问、勤问、善问。

2. 尽力引导学生时时问

教师要给予学生问的时空，让其知道时时都是发问之时。问自然、问教师、问家长、问百科全书……面对司空见惯的现象，不忘多保留几个小问号。

3. 极力倡导师生互相问

教师提问，学生更要提问。课堂上教师要把"单项问"变为"双向问"，甚至"多向问"。师生互问，生生互问。

4. 倾力成为提问的"引路人"

学生会提问的前提是教师会提问。正如《学记》中所说：如果教师不能做到"善问"，学生就会"隐其学而嫉其师，苦其难而不知其益"，教学效果必然事倍功半。教师问的有方法，学生才会得法。

（三）引领有效的提问之法

教师要教给学生提问的方法。按照课堂结构可以分为课堂导入式提问、讲授启发式提问、理解性提问、应用性提问、内容结构式提问；按照提问的交互性可分为师生提问、生师提问、生生提问；按照问题的作用可分为认知性提问、理解性提问、推理性提问、发散性提问……笔者受布鲁姆分类学以及其他研究的启迪，结合自己的实践，重点关注学生以下六种发问能力的培养：

1. 回忆性发问

这种发问方法简单易学，还学生提问的自由。通过问题回忆旧知，降低学习的难度，建立新知与旧知之间的联系，为深入学习奠基。

2. 分析性发问

分析性发问要求学生关注事物之间的联系，关注前因后果。教师要引导学生进行批判思考，分析资料，进行推论。教师最好能够引导学生环环相扣而深入发问，甚至追问，待到解决问题之时便是完成教学任务之时。

3. 联想性发问

教学中还可以用相似、相关、相近的词语去代替，并作为问题提出，可以激发学生的"问学"意识。

4. 异向性发问

行为心理学告诉我们：一个人一天的行为大约只有百分之五是非习惯性

的,要充分利用好它,如此可以避免思维的僵化、凝固。"异向"就是常常使用"不""无""反"等反面词,类似于唱反调,但可以培养学生的创造性思维。异向性发问,更有利于学生思维能力的培养,学生会展开思维,"唇枪舌剑"一番,从而提高发问与探究的水平。

5. 反思性发问

这是提问的较高境界与层次,难度也比较大。教师要学会引导学生进行反思性发问。

6. 创造性发问

创造性发问则是一些关于"为什么""怎么做"的开放式问题,能引发学生思考事物的原理和本质,激发学生的创造性思维,如发散性思维、想象性思维、聚合性思维。这些思维往往形式独特、新颖,内容求新、求变,没有唯一的、现成的标准答案。

发问类型、思维特征、认知变化与教学价值的关系生成具体如图5所示:

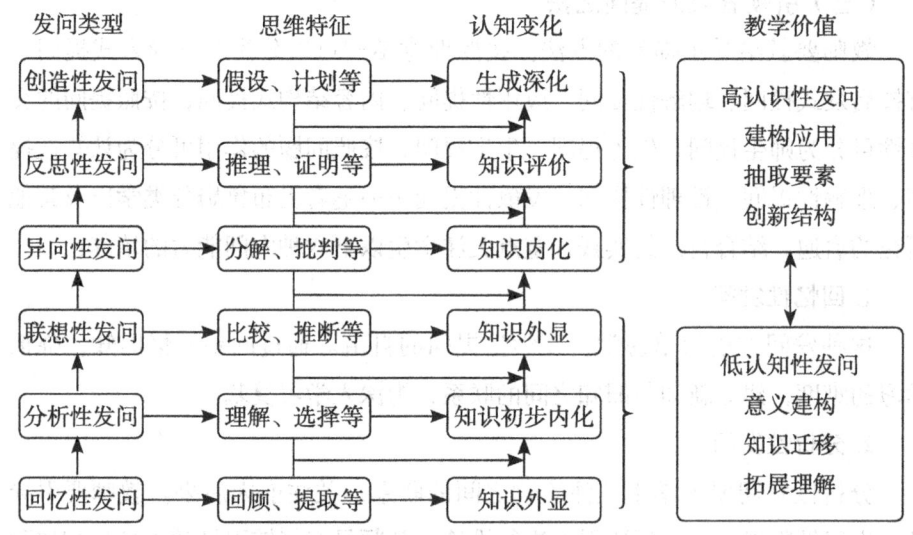

图5 发问类型、思维特征、认知变化与教学价值的关系生成

"问学课堂"的推进策略

一、营造"问学课堂"浓厚的研讨氛围,彰显课堂"问学"的价值感

各学科定期举行"问学课堂"沙龙研讨,加强对课堂实践的反思和提升。同时发挥网络平台的优势,在学校全体教师的QQ群上创建"每日课讯""QQ研课"专栏。教师随时可以浏览"问学课堂"研讨的安排动态、执教教师的课堂盛况、和谐热烈的课堂氛围营造、听课教师的评价分析。邀请知名特级教师、市教研室专家及师专教授会同我校学科教研组教师协同开展"问学课堂"观察研讨活动,指导教师们科学架构"问学课堂"的教学范式。

二、开展"校本论坛"深度研修活动,增强"问学"文化的获得感

我们充分发挥我校"教师发展培训学院"、教研组(备课组)活动、全体教师书友会等平台,围绕"问学课堂"开展系列"校本论坛"主题研修活动。"我与课堂共成长"微论坛、"问学课堂"大家谈、"问学课堂"微讲座等一系列"问学课堂"专题研修活动成了我校践行"问学课堂"的特色品牌活动。教师们立足"问学课堂"的教学实践,各学科、各备课组积极组织教师提炼"问学主张"和"问学思想",开展了多场的"问学课堂"微讲座活动,通过深度的交流不断提升"问学课堂"的为师之道。

三、搭建"课改共生"发展平台,培植"问学"思想的体验感

"问学课堂"的精彩绽放,需要搭建一个广阔的平台,来辐射和传递我校课堂教学改革的精神和成效。

近几年，我校先后和东辛农场小学、东海黄川小学等15所学校结为友好联盟学校，定期组织教师开展联盟研课活动，以及和对口联盟学校共同探索课堂"问学"之道。学校还约请成尚荣、吴忠豪、陆志平、吴正宪、李冲锋、潘文彬等省内外教育专家来校指导，与名师面对面，零距离地进行课堂活动的交流和思想理念的碰撞。

四、优化"教学改革"科研生态，培育"问学"成长的幸福感

学校以教学改革方向为依托，打造教学科研场域下的协作共同体，形成了我校特色教师团队——"探航团队"，有效推动了"问学课堂"研究项目的深入发展，学校"探航团队"被江苏省总工会授予"青年文明号"的荣誉称号。"连网"、《江苏教育》、《小学教学研究》等媒体相继以《师专一附小"探航团队"树立课改先锋旗帜》《传承团队"探航"精神，树立课改"先锋"旗帜》等多篇文章报道我校"探航团队"的成长与发展情况。

"问学课堂"的效能比析

为了更好地了解和把握学校"问学课堂"课堂教学改革的育人实际效益,获取真实资料,保证研究顺利进行,我们在长期课堂观察、个案跟踪的基础上,分别于2014年4月和2017年5月对教师和学生进行了问卷调查。通过对比显示,学生通过经历"问学课堂"的学习过程,求知欲和好奇心得到了很好的呵护和张扬,课堂形态逐渐由"教—学—问"向"问—学—教"转变,学生关键能力、探究质疑的品质及创新精神得到提升,对待学习充满了自信,敢问、好问、会问已经成为一附学子具备的闪亮品格。由此可见,"问学课堂"教学实践取得了较为理想的效果。

一、教师调查比析(部分统计)

教师问卷设有1道填空题、16道选择题和1道简答题。调查过程共计发放教师问卷250份,收回有效问卷219份。(具体内容详见附)

表1 问卷调查统计

问题6:关于"问学课堂"的教学理念和实施方案,你了解多少?	选项	A. 深入了解并积极实践	B. 基本了解但不会实践	C. 了解一点	D. 不够了解
	占比	83%	1%	10%	6%
问题11:您能否指导学生提问有价值的问题?	选项	A. 有多种方法,效果显著	B. 经常实践	C. 不知如何指导	D. 从来没有
	占比	10%	80%	11%	0%
问题16:您认为我校"问学课堂"教学实践实施以来,实施的效果如何?	选项	A. 深入师生人心	B. 部分教师深入领会	C. 学生素养得到显著提升	D. 没有效果
	占比	11%	8%	81%	0%

从表1中可以看出：在被调查的教师中，有83%的教师关于"问学课堂"的教学理念和实施方案有深入了解并积极实践；当问及"您能否指导学生提问有价值的问题？"时，有10%的教师表示有多种方法，效果显著，有80%的教师表示经常实践；在被调查的教师中，有11%的教师认为我校"问学课堂"教学实践实施以来，实施的效果深入师生人心，有8%的教师认为部分教师深入领会，还有81%的教师认为我校"问学课堂"教学实践实施以来，学生素养得到显著提升，没有教师选择没有效果。

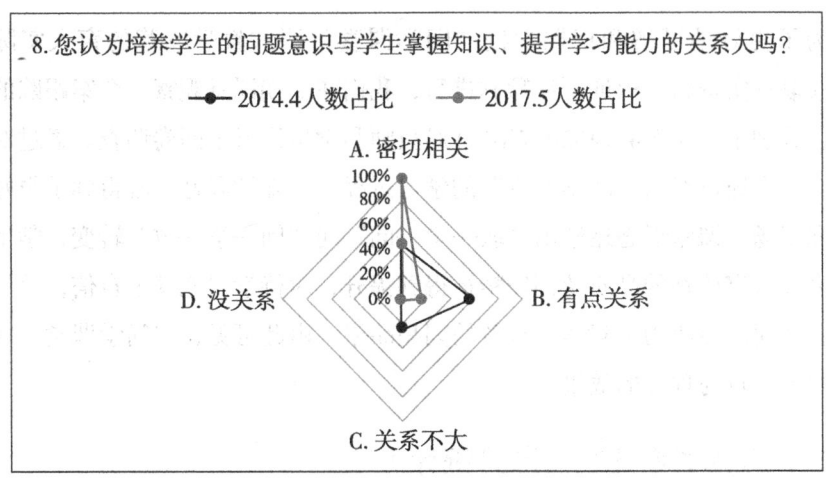

图1　问卷调查统计图一

如图1所示，自我校"问学课堂"教学实施以来，对于"培养学生的问题意识与学生掌握知识、提升学习能力的关系"这一问题，有94%的教师认为密切相关，有6%的教师认为有点关系，没有教师认为关系不大或者没关系。

二、学生学习比析（部分统计图）

学生问卷设有20道选择题和1道简答题。调查过程共计发放三、四、五、六年级学生问卷2600份，收回有效问卷2600份。（具体内容详见附）

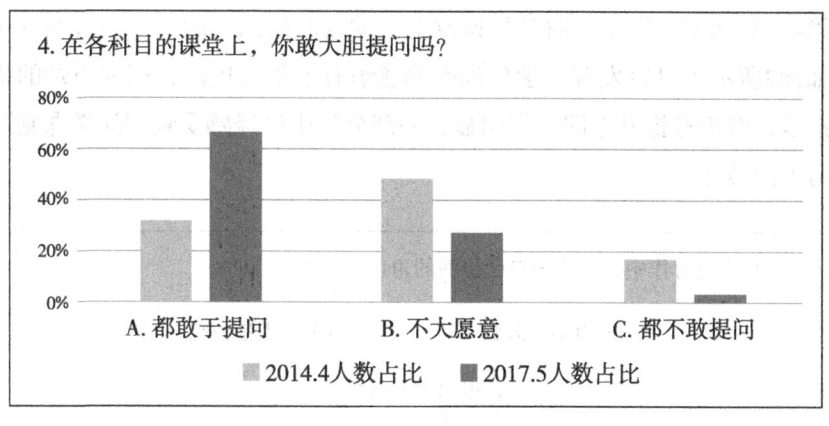

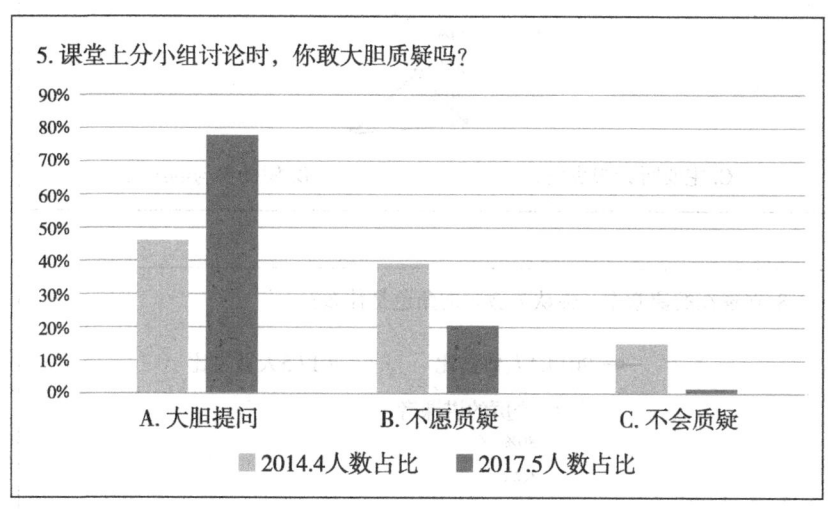

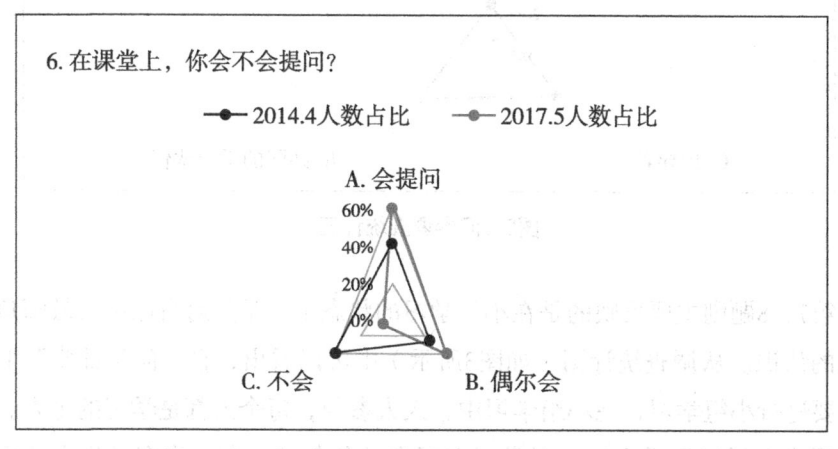

图2 问卷调查统计图二

第4、5、6题主要是针对学生课堂上主动提问的问卷调查，通过调查统计图（如图2所示）可以发现，学生提问的意识有了很大提高，探索质疑的程度也有进步，但仍有提升空间。很明显，一部分学生已经感受到"问学课堂"带来学习上的转变。

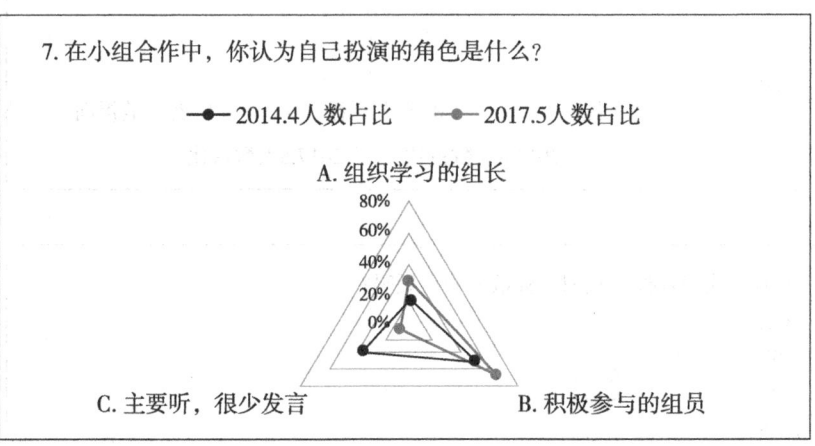

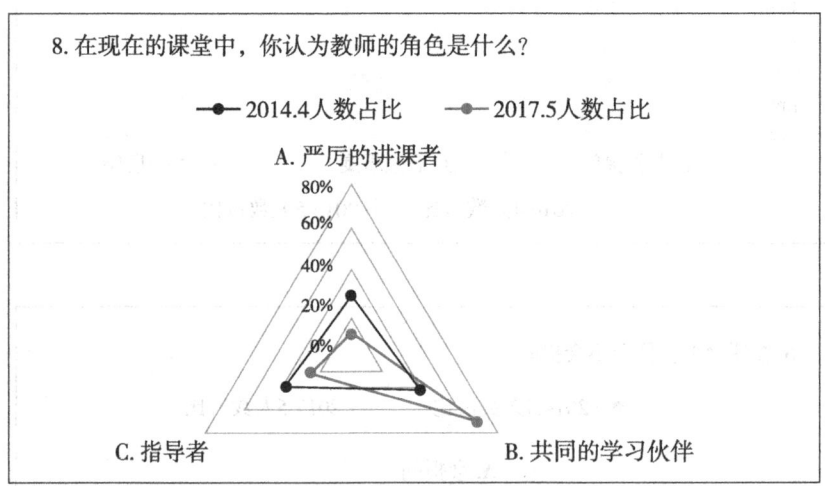

图3　问卷调查统计三

第7、8题则主要反映的是在小组学习的状态中，学生对自己以及教师角色转变的认识。从调查统计图（如图3所示）中可以看出，在"问学课堂"上，往往要进行小组学习，在小组学习中，人人参与，每个人都是学习的主人。学生在课堂上勇于展示自己，对学习有了自己角色的转变，许多学生由"要我学"变成"我要学"的状态。

三、分析结论

一是"问学课堂"学习方式的转变,促进了学生主动探究、批判性思维等素养的可持续发展;二是"问学课堂"所带来的思维方式的转变,实现了教学效能的有效提升。教师层面,教师能够认真学习"问学课堂"的教育教学理念,积极开展课堂教学研究,进一步解放思想、转变观念、改进教法,课堂教学效率明显提高。大部分教师能够精心设计"问学课堂"教学案,在课堂教学中渗透"问学"理念。教学层面,努力改进致力于学生核心素养发展的各学科的"问"与"学"的教学方法,做到学以致问、以问启学、问学相长。教学过程中,教师能够明确自己的角色和作用,努力营造并维持良好的学习氛围,提供丰富的学习资源,灵活地运用不同的学科教学方法,促进学生思维和行为的积极参与,引导学生在自主探索、合作交流活动中建构知识,从而有效乃至高效地实现教学目标,达到育人的目的。学生层面,学生的课堂参与度普遍提高,学生的"问学"品质得到培养。在课堂教学中,学生能够敢问、敢说、敢做,变"要我学"为"我要学",变"要我问"为"我要问",变"被动学习"为"主动学习",从而不断提高自身的"问学"品质,以及学科"问学课堂"的实效性,最终提升学生的核心素养,促进学生的生命发展。

致力于学生素养发展的"问学课堂"教学实践的调查问卷
(教师版)

老师们:

为深入推进省前瞻性项目——"问学课堂"教学实践,寻求为进一步开展"问学课堂"实践提供数据和经验借鉴,特设计了如下问卷。请您认真阅读并完成每一道题(可多选),本问卷只作为开展教学研究之用,不计姓名和分数,请您填写出自己的真实想法和思考,切勿漏答,感谢您的帮助和配合!

1. 性别____,从事教学时间____年,任教学科____,任教年级____。
2. 您的年龄段为(   )
A. 23~28岁   B. 29~34岁   C. 35~40岁   D. 41~46岁   E. 47岁以上

3. 学校进行"问学课堂"改革的目的是什么？（　　）

A. 提升教师的专业发展能力　　　B. 提升学生的核心素养和关键能力

C. 改变教与学的方式　　　　　　D. 培养师生的问题意识和创新能力

4. 您认为课堂教学中渗透"问学"理念的目的是什么？（　　）

A. 利于吸引学生注意力　　　　　B. 活跃学生思维

C. 营造活跃课堂气氛　　　　　　D. 帮助学生掌握基础知识，应对考试

E. 提高学生能力　　　　　　　　F. 提升学生素养

5. 您认为省前瞻性项目——"问学课堂"教学实践的研究目标有哪些？（　　）

A. 落实从"知识点教学为中心"向"素养发展为中心"的教学转变

B. 建构与丰赡"问学课堂"的理论支撑

C. 探索致力于学生素养发展的"问学课堂"的主要特质

D. 探索与构建"问学课堂"的基本范式、实践策略及评估体系等

6. 关于"问学课堂"的教学理念和实施方案，你了解多少？（　　）

A. 深入了解并积极实践　　　　　B. 基本了解但不会实践

C. 了解一点　　　　　　　　　　D. 不够了解

7. 您设计问题时考虑学生的能力层次吗？（　　）

A. 偶尔照顾能力差的　　　　　　B. 只考虑基础好的

C. 尽可能兼顾　　　　　　　　　D. 只根据教学内容设计

8. 您认为培养学生的问题意识与学生掌握知识、提升学习能力的关系大吗？（　　）

A. 密切相关　　　　　　　　　　B. 有点关系

C. 关系不大　　　　　　　　　　D. 没关系

9. 从教师自身方面，哪些因素制约着课堂教学中"问学"的效果？（　　）

A. 问题的设计　　　　　　　　　B. 提问的方式

C. 候答的时间　　　　　　　　　D. 考试的要求

E. 教师的评价

10. 您认为有效推进实施"问学课堂"教学实践的方式有哪些？（　　）

A. 上录像课　　　　　　　　　　B. 开设骨干教师观摩课

C. 组织学科组内公开课　　　　　D. 教学沙龙

E. 送教活动　　　　　　　　　　F. 青蓝工程

11. 您能否指导学生提问有价值的问题？（   ）

　　A. 有多种方法，效果显著　　　　　B. 经常实践

　　C. 不知如何指导　　　　　　　　　D. 从来没有

12. 在"问学课堂"实施过程中，您是否能经常使用自主、合作、探究的学习方式？（   ）

　　A. 能　　　　B. 有时能　　　　C. 很少能　　　　D. 不能

13. 在备课时，您用来设计"问学"方案的时间占备课总时的多少？（   ）

　　A. 80%以上　　　B. 50%~80%　　　C. 20%~50%　　　D. 20%以下

14. 围绕问题，学生探究性学习的兴趣和积极性如何？（   ）

　　A. 大多数情况下没有兴趣，不想回答问题

　　B. 不是很有兴趣，只有个别人勉强举手，担心课堂进行不下去

　　C. 比较有兴趣，大多数人积极举手回答问题

　　D. 非常有兴趣，大多数人争先恐后想回答问题

15. 在"问学课堂"实践中，您注重渗透给学生学法指导吗？（   ）

　　A. 非常注重　　　B. 比较注重　　　C. 偶尔注重　　　D. 没有注重

16. 您认为我校"问学课堂"教学实践实施以来，实施的效果如何？（   ）

　　A. 深入师生人心　　　　　　　　　B. 部分教师深入领会

　　C. 学生素养得到显著提升　　　　　D. 没有效果

17. 在"问学课堂"的推进过程中，您遇到了哪些感到困惑的问题？（   ）

　　A. 不清楚如何有效设置"问"与"学"的教学环节

　　B. 不知道如何区分传统的知识课堂和"问学课堂"的教学理念的不同

　　C. 不明白如何实践"问学课堂"的教学理念

　　D. 不懂得如何构建自己的班级特色或者个性化的课堂范式

18. 结合自己任教学科，您对学校进一步实施和推进"问学课堂"有何建议？

_____

_____

_____

_____

致力于学生素养发展的"问学课堂"教学实践的调查问卷

（学生版）

同学们：

　　为深入推进省前瞻性项目——"问学课堂"教学实践，寻求为进一步开展"问学课堂"实践提供数据和经验借鉴，特设计了如下问卷。请您认真阅读并完成每一道题（可多选），本问卷只作为开展教学研究之用，不计姓名和分数，请你填写出自己的真实想法和思考，切勿漏答，感谢您的帮助和配合！

（一）选择题

1. 在你的印象中，现在参与课堂学习较以前发生了什么变化？
   A. 自己参与的更多　　　B. 与以前差不多　　　C. 基本不参与

2. 现在的课堂学习氛围给你什么样的感觉？（可多选）
   A. 学习氛围浓厚，融洽愉快的学科
   B. 学习氛围一般，以老师讲解为主的学科
   C. 课堂沉闷，兴趣不高的学科

3. 你们班级的课堂学习中，老师问得多还是学生问得多？
   A. 同学问得多　　　B. 老师问得多　　　C. 同学与老师都问

4. 在各科目的课堂上，你敢大胆提问吗？
   A. 都敢于提问　　　B. 不大愿意　　　C. 都不敢提问

5. 课堂上分小组讨论时，你敢大胆质疑吗？
   A. 大胆提问　　　B. 不愿质疑　　　C. 不会质疑

6. 在课堂上，你会不会提问？
   A. 会提问　　　B. 偶尔会　　　C. 不会

7. 在小组合作中，你认为自己扮演的角色是什么？
   A. 组织学习的组长　　　B. 积极参与的组员　　　C. 主要听，很少发言

8. 在现在的课堂中，你认为教师的角色是什么？
   A. 严厉的讲课者　　　B. 共同的学习伙伴　　　C. 指导者

9. 在现在的课堂中，你认为自己的角色是什么？
   A. 学习的主人　　　B. 听老师讲课的学生　　　C. 旁观者

10. 你在课堂上有没有得到老师的关注？

A. 经常 B. 偶尔 C. 没有

11. 在平时的课堂学习中,你与老师是什么关系呢?

A. 学习伙伴 B. 不愿接近 C. 像猫与老鼠

12. 你喜欢现在的这种期末考试:课本剧表演、思维表达、看图说话等方式吗?

A. 喜欢 B. 无所谓 C. 不喜欢

13. 现在的考试形式更加多样化,你觉得操作与表达的测试与书面测试相比重要吗?

A. 都很重要 B. 书面测试重要 C. 操作与表达重要

14. 你觉得现在的考试方式能反映出你的学习情况吗?

A. 完全能 B. 一般 C. 完全不能

15. 在"问学课堂"中,你的语文学习哪方面能力明显提高了?

A. 阅读理解能力 B. 写作能力 C. 口语交际能力

16. 在"问学课堂"中,你的数学学习哪方面能力明显提高了?

A. 发现问题的能力 B. 分析问题的能力 C. 解决问题的能力

17. 在"问学课堂"中,你的英语学习哪方面能力明显提高了?

A. 语言表达能力 B. 听读能力 C. 阅读理解能力

18. 你觉得在音乐(体育或美术)课堂上,你展示出自己的音乐(运动或美术)特长了吗?

A. 我很喜欢唱歌(运动或美术)

B. 课堂没有我发挥的余地

C. 课堂没有意思

19. 你具备了哪些自学能力?(可多选)

A. 自己预习,做批注 B. 查找资料,进行整理

C. 向家长或同伴请教 D. 能提出有价值的问题

20. 在学习中遇到不懂的问题,你更喜欢老师怎样指导?

A. 及时指导并解决 B. 组织小组讨论 C. 让学生自己思考解决

(二)简答题

你喜欢这样的课堂吗?你能试着说说课堂上的变化吗?

_____

_____

_____

"问学课堂"的教学研讨[①]

主 持 人：张永虎（张）
研讨人员：金　凤（金）　黄海霞（黄）　祁明艳（祁）
　　　　　方培培（方）　马鹏华（马）　谢林伯（谢）

具体研究过程如下所示：

张：大家都知道，课堂教学的过程是解决一个又一个问题的过程，问题是谁发现的，是谁提出的，这是一个以谁为教学中心（教学主体）的问题。"问学课堂"也绕不开这个问题，今天我们沙龙的主题就是"'问学课堂'四问"。我想问的第一个问题是"课堂中的问题从哪来？"在座的各位都是"问学课堂"的践行者，希望大家能畅所欲言。

谢老师，你离我最近，近水楼台先得月，你先说。

一、问题从哪来？

谢：关于问题从哪来，要想回答这个问题，首先要明确"问学课堂"的主体是谁？当然是学生，学生是学习的主人，也是学习的主体。我们学校的"问学课堂"始终把学生放在第一位，让学生站在课中央，所以问题应该从学生那来。

金：我很赞成谢老师的观点，问题从学生中来。除了学生以外，教师也可以提出问题，并不是说问题一定要由学生提出的才是"问学课堂"。教师和学生都可以提出问题。因此，问题也可以从教师中来。

祁：我认为学生的提问离不开教师的启发和引导。要想学生学会提出有

---

① 2016年，连云港市教学改革现场会关于"问学课堂"的教学研讨记录。

价值的问题，教师要教给"问"的方法，要创造空间和机会引导学生去问，也就是要创设一定的问题情境。教师可引导学生抓住文章的内容、主旨、表达方式提问，也可以抓住文章重点词句发问，也可以在文章的空白处、矛盾处、反复处发问。例如，上午听的《广玉兰》一课，教师就巧妙地将描写广玉兰四种姿态的重点语句和叶圣陶《荷花》中描写荷花形态的语句进行比较，引发学生提出诸多问题，相信这节课过后，学生又学会了一种提问的方法，那就是在比较阅读中提出问题。

方：谢老师和祁老师关注的是提问题的人，其实"问"不只是提问，还包括质疑，所以我觉得问题还可以从对文本内容的质疑中来。如对不理解的思想内容、不了解的词句的质疑，甚至对教师、同学观点的质疑等，这些都可能产生问题。

马：我认为问题从读中来，读是思的基础。如果对文本内容不熟悉，提出的问题往往浮于表面，不管是学生还是教师，只有充分阅读文本，才能提出有价值的问题。

黄：我认为问题可以从任务中来。学生三年级的时候，我就教给他们两步八字预习法，第一课时前，按照读、画、写、查四个字进行预习；第二课时前，按照读、背、默、思四个字进行预习。"思"就是思考问题，我在学生预习每篇课文前发给每名学生一张便笺纸，要求学生预习时在便笺纸上针对每篇课文写出三个问题，并且把写有三个问题的便笺纸贴在相应的课文边，让他们带着问题进课堂，方便课堂中交流运用。

张：梳理一下各位的观点，课堂中的问题可以从学生中来，从教师中来，从阅读中来，从任务中来。有人关注的是提问题的主体"人"，有人关注的是提问题的途径或方法。爱因斯坦说："学生提出一个问题，往往比解决一个更重要。"我想，我们追寻的应该是"问题由学生提出"，因为学生想要探究的，才是教师教学所要解决的。即便是教师提的问题，也是为了激活学生的思维，将学生的问题引向深入。

杜威说，儿童是中心，是起点，也是目的。我认为后面还要再加上一句"还是手段"。为了儿童，更要依靠儿童。说到这，我想起了一个故事（笑话）：

唐僧是个细心的人。这天，他正在整理孙悟空的衣服，发现有个洞，然后就耐心地缝了起来，第二天他又发现有个洞，于是又补了起来，第三天依旧还是有个洞，正当他要拿起针线时，孙悟空过来，一把抢过衣服，大吼："你把洞缝上，你告诉我尾巴搁哪儿？搁哪儿？搁哪儿！"

这个故事（笑话）告诉我们，你默默的付出并不是所有人都能接受，也不是所有人都需要的。从学生出发，以学生为本，相信学生可以提出好问题，你给学生多大舞台，学生就能跳出多美的舞蹈。

这个问题先讨论到这儿。第二个问题：如何确立统领全文的"主问题"？

二、如何确立统领全文的"主问题"？

祁：我觉得要想回答这个问题，首先要厘清什么样的问题是"主问题"。我认为这个问题应该是"牵一发而动全身"的问题，是教学中的核心问题，只要解决了这个问题，其他的一些附属问题就迎刃而解了，我们常说的"提领而顿，百毛皆顺"就是这个道理。"主问题"根据不同文体、学段、学情而侧重点不同，一般一节课确定一个或两个"主问题"就可以了。我们看到，今天的这两节课，教师就是在学生提问的基础上，和学生共同梳理、筛选出了"牵一发而动全身"的"主问题"。

金：语文阅读教学无非包含两个方面：一是指向阅读，理解文本内容；二是指向写作，学习表达方式。也就是文章写了什么和怎么写的。所以，一篇课文"主问题"的确定就可以围绕这两个方面展开。

方：我和大家的观点不谋而合，首先，小组交流后提出有价值的问题；其次，教师对学生提出的问题进行筛选整理；最后，再把紧扣文眼、中心的，指向语言表达形式的问题归纳出来，确定为"主问题"。

马：听了方老师的话，我想到了以前执教的一个课例，在教学《姥姥的剪纸》一课时，学生针对"神"字进行了提问：①从文中哪些地方可以看出姥姥剪纸的"神"？（这个问题是指向文本内容的。）②作者是怎样表现姥姥剪纸的"神"的？（这个问题是指向文本表达的。）这时，教师及时将学生的问题整理投影出来，形成本节课探究的主话题。

谢：我认为这个"主问题"还可以从文章的中心产生。比如上午讲解的《广玉兰》一课，这篇课文的最后一节："我爱广玉兰的幽香与纯洁，更爱广玉兰无比旺盛的生命力"就是文章的主旨，马老师就是让学生围绕这个主旨引导学生提出课堂的"主问题"。

黄：课堂上，我让学生先在小组中交流各自提出的问题，然后每个小组只留下一个小组中认为最有价值的问题，在实物投影上进行展示。这时会发现，尽管有时几个小组说法不一，但是会提同样的问题，这样的问题保留，用于课堂中师生重点交流。有时，尽管只有一个小组提出了，但是，如果我们认为问题有价值也要留着思考讨论。

张：梳理一下各位的认识，"主问题"可以源于文本内容，可以源于言语表达方式，可以源于文章中心，可以源于学生所提供的共性问题，也可以是源于学生提出的不能解决的个性问题。这些常用的提出"主问题"的方法要教给学生。当然，"主问题"并不是只有一个问题，也可能是两三个，或者更多。大家认可我的观点吗？

这个问题就聊到这儿。第三个问题：如何围绕"主问题"开展深度学习？

三、如何围绕"主问题"开展深度学习？

金："问学课堂"既要会问，更要会学。我认为围绕"主问题"开展深度学习，就要积极践行《课程标准》倡导的"自主合作探究"的学习方式。我们常态的做法是：首先，围绕"主问题"自读课文，批注文本；其次，在小组内交流所学，互相补充；最后，以小组汇报的形式进行全班交流、提升。在学习过程中学生和文本对话、生生对话、师生对话，思维发生碰撞，又形成了新的问题，并进行解决。这样在学中问，问中学，从而达到深度学习的目标。

黄：我认为课堂的深度学习应该有一个抓手。为此，我们设计了问学单，保证课堂上让学生读读、画画、想想、写写、说说。学生在自学和小组合作时要保证十分钟，学生在语言积累、建构和运用上还要保证十分钟。虽然做法略显呆板，但是这样可以确保学生真正的自学时间。

张：黄老师的话提醒我们，课堂中要给学生足够的时间学习，教师要善于等待。这又让我想起了一个小故事：

一个小朋友拿着两个苹果，妈妈问：给妈妈一个好不好？小朋友看着妈妈，把两个苹果各咬了一口。此刻，母亲内心有种莫名的失落。但在孩子慢慢嚼完后，他对妈妈说："这个最甜的给妈妈。"

这个故事说明，等待与忍耐有时会很疼，但结果却很甜蜜。课堂上你给学生足够的时间去经历，学习才能真正发生。大家接着谈。

方：我觉得在解疑中，不用统一为一个答案，要鼓励提倡求异思维、批判性思维，让学生敢于质疑教师、同学的观点，对那些有独到见解的意见要适当表扬。

谢：我很赞成方老师的观点，其实"问学课堂"的深度学习是可以看得见、摸得着的。在我的教学中，学生通过语言表达来锻炼和阐释自己的思维过程，我就经常让他们用"鱼骨图"或"思维导图"来分析问题，让所有学生的思维能够呈现，让深度学习真正发生。

马：我认为，在深度学习中，教师的追问也非常重要，但教师的追问不是为了问而问，而是通过追问，让学生的思维更有深度。仍以《姥姥的剪纸》一课为例，里面有一句话，我从小就听人啧啧赞叹："你姥姥神了，剪猫像猫，剪虎像虎，剪只母鸡能下蛋，剪只公鸡能打鸣。"在学生交流后，教师可以这样追问："同学们关注一下，乡亲们夸姥姥时举的这几样事物，猫、虎、母鸡和公鸡，你有什么发现？"这个问题可以引导学生发现乡亲们言语中的艺术，让学生更深层次地思考问题。

祁：刚才大家提到了要给学生充足的学习时间，引导学生合作探究，教师适时追问等，那么，学生对自己所提的问题有了一定的观点和认识后，学习是否就到此为止了呢？我最近在读被誉为"批判性思维圣经"的《学会提问》一书，文中作者就提到，批判性思维有三个层次：第一，要有一套环环相扣的关键问题的意识；第二，具有提出和回答这个关键问题的能力；第三，积极主动地利用关键问题的强烈愿望。我想大家也都在做着一件事，那就是学以致用，将学习引向语言实践，引导和鼓励学生进行语言文字的运用。"问学课堂"更要注重"以问致用"，例如，今天上午《少年王冕》一课，学生体会了细节在表现人物的品质之后，教师引导学生写自己熟悉的一个人，抓住细节用两三句话写出这个人的特点。这正是将所学和所得引向运用，让深度学习真正发生。

张：梳理一下大家的观点，深度学习可以借助问学单，可以借助思维导图，可以让学生合作探究，可以在学以致用中深化，可以借助教师的适时提问，可以在创设的求异思维和批判性思维空间中进行。

奥苏泊尔说，教育心理学要研究的问题只有一个，那就是了解学生到底已经知道了什么。了解学情，建立在学生已知基础上的教学必定是深度学习。

我们以往总担心学生这也不行，那也不会，其实学生的潜力是很大的。我又想起一个小故事：

一个周末的下午，牧师正在家里冥思苦想第二天传教布道的主题，他三岁的儿子非缠着他玩游戏。牧师为了打发儿子,就把一张世界地图撕成几片丢给儿子,让儿子拼好后再来找他玩。没想到,不一会儿,儿子就举着拼好的地图跑了过来。牧师很惊讶,就问儿子:"你又看不懂世界地图,怎么这么快就拼好了?!"儿子说:"世界是什么样子的,我不知道,但这幅地图的背面是人的图像,我知道人是什么样子的。所以,只要人对了,世界就对了。"

所以,孩子总是能用非常纯净的视角洞悉世间真相,他们总有适合自己的学习方法。教师所要做的就是相信学生、引导学生、放手学生,自然而然地,课堂学习会在学生的"自组织"行为中真实发生。

第三个问题就聊到这儿,第四个问题:"问学课堂"带来了哪些变化?

四、"问学课堂"带来了哪些变化?

马:我觉得变化最大的是学生,学生变得更大方、更自信、更具团队意识,尤其是发现、解决问题的能力得到了很大的提升。

谢:马老师刚才说到了学生的变化,其实,学生的变化直接带来的就是课堂的变化。"问学课堂"改变了之前传统教学中少数"学神"独霸课堂的尴尬局面,真正实现了课堂是学生的课堂,课堂是所有人的课堂,它让更多的学生参与其中,并找到自己的存在感。这样的课堂氛围,让每名学生都能有自己发言的时间和展示的空间,让课堂在"问"与"学"中真正活起来了。

方:是的,提问可以帮助学生养成独立思考的品质,还可以开阔学生的视野。因为提问具有开放性,而问的内容有时会涉及多个学科,学生在解决问题中可以体验到知识的广泛性。开放式问题单靠自己的力量往往无法解决,必须通过交流合作完成,在合作中既要表达自己观点,又要善于倾听,取长补短,既弘扬了个性,又提高了学生的合作能力。

谢:我觉得"问学课堂"让师生关系也发生了好的变化。办公室里批评学生的声音变少了,互相交流称赞学生的奇思妙想变多了;各种生气、抱怨的声音变少了,不断赞美、欣赏的声音变多了。

黄:随着"问学课堂"的推进,我觉得对教师的要求更高了。有时我感觉学生不在我的掌控之下,就好像孙悟空没有了头上的金箍,师傅唐僧再念紧箍咒就没有办法控制了。为了找到解决办法,我让学生把书上预习的图片发在班级QQ群里。这样我就可以把控学情,更好地驾驭课堂。

金:我在践行"问学课堂"中,深刻感受到三种变化:一是教学形态的变化，由以前的"教师牵着学生的鼻子走"，按照教案亦步亦趋地教学，变为"教师和学生一起走，一起问学，一起成长"；二是学习方式的变化，由以前的"我来教，你来学""我怎么教，你就怎么学"变为"让我们自己来学""我们自己可以走上讲台讲"；三是思维方式的变化，教师和学生的思维由以前的"单一的、死板的、拘谨的"变为现在的"自由的、开放的、舒展的"。思维更有张力、活力，更具高度、深度、广度，思维的品质更高了。"问学课堂"让学习真正发生了，于是精彩就出现了！

祁：刚才没抢到话筒，我想说的大家都说得差不多了，我就来展望一下"问学课堂"吧。我觉得"问学课堂"最终的受益是学生，"问学课堂"提升了学生发现、解决问题的能力，培养了学生的问学品质和创新精神。可以说，"问学课堂"是在做一件为学生一生奠基的事情。相信经历过"问学课堂"的学生，能够从"问学"文本到"问学"社会，再到"问学"世界，将会具备能够适应终身发展和社会发展的必备品格和关键能力，从而学会适应这个瞬息万变的世界。

张：梳理一下大家的观点，"问学课堂"带来的变化：学生学习方式变化了，课堂样态变化了，教师备课方式变化了，师生关系变化了，学生思维方式变化了……

也许有的教师会说，这种课堂状态当然好，但很难达到。是的，每天的课堂生活不可能都那么精彩，但至少我们知道，精彩的课堂生活可以这么过。

诺贝尔奖获得者屠呦呦说：不要刻意去追一匹马，用追马的时间种草，待到春暖花开时，就会有一批骏马任你挑选。

我们不要盲目去羡慕别人，也不要妄自菲薄，自己先要动起来、做起来。你的课堂你做主，课堂上总有属于你的精彩！

由于时间的关系，今天的研讨就到这里。一家观点，有失偏颇，欢迎大家批评指正。谢谢！

第三章
宽和问学的学校改革

"教育的目的是为了激发和引导学生的自我发展之路。"（怀特海）从2013年开始，我们紧紧围绕以"宽和问学"为精髓的两河文化，在推进"问学课堂"的同时，进行了宽和教育评价和选课走班的改革与实践，实施以核心素养为导向的师专一附小"自主成长课程"，构建了学生核心素养校本化表达的一附小学生素养模型，即从"人与自己""人与社会""人与工具""人与生活""人与未来"五个维度确立了我校学生发展的"五项核心素养"，即：健康身心、宽和心怀、问学精神、审美情趣、超越意志。"五项核心素养"紧密相连、互为基础、相互促进、相互补充，其指向性明确、结构体系完善、达成目标具体，构建起了一个完整的素养模型，夯实了"培养什么样的人"的方向与目标。

"自主成长课程"的深度实践

培养与发展学生的核心素养,终将要落实到课程体系、教师的教学改革实验以及教师自身素养的提升之中。核心素养是一个相对宏观上位的理论模型,如何将核心素养细化到课程之中,是课程开发、设计与改革成功与否的重要环节。

一、"自主成长课程"的建设目标

领悟与实践国家新一轮课程改革深化的方向,以教育部提出的"核心素养"为指导,积极开展以"宽和问学"为文化背景的课程与课堂教学改革实验,进行"自主成长课程"的深度建构,践行"问学课堂"实验,释放师生潜能,从而实现学生的自我发展与自主成长。

二、"自主成长课程"的建设背景

2014年3月,教育部下发的《关于全面深化课程改革,落实立德树人根本任务的意见》中,核心素养被置于深化课程改革、落实立德树人目标的基础地位。核心素养的培育与发展如何落实到位?如何让教育直面学生的生命成长?这是当下教育改革最值得教育者思考的问题。因此,我们认为以学生核心素养为导向来推进并深化新一轮课程改革,是当今教育改革的发展趋势。

教育的目的是为了激发和引导学生的自我发展之路。如何在新的时期,不断丰富"五自"课堂(即自主发现、自主质疑、自主探究、自主运用、自主评研的课堂)成长理念、成长教育、成长课程的理论,厚重学校的办学内涵,夯实"一切为了学生的成长"的办学方向,这是当前我们所面临的新的课题与挑战。鉴于对当下教育改革趋势的认识和分析,我们广泛征集教师、家长和学生的意见,并依据学生核心素养进行需求分析和反复论证,尝试构建以"核心素养"为导向的师专一附小"自主成长课程体系",同时,我们积极践行"追寻释放师生潜能的课堂",提出了"问学合一,自主成长"这一课堂教学理念,并着力构建"问学课堂"的文化内涵,展开"问学课堂"的改革与实践。这也是从"知识核心时代"走向"核心素养时代"的必然要求。

三、"自主成长课程"的建设思路

(1)课程是培养学生核心素养、落实学校办学理念的根本途径,核心素养应该成为学校课程设计与实施的主要依据,为此,我们将继续做好从"素养体系"到"课程体系"再到"成长体系"的顶层设计,不断丰富与完善"自主成长课程体系"。

(2)立足实际,以"回到核心素养"为突破口,开展课堂教学改革实验,并以"宽和问学"的办学理念为指引,进一步完善与优化"问学课堂"教学范式,致力于对"问学课堂"的校本化教学改革实验。

(3)积极开发与利用一切资源,不断创新"自主成长课程体系"与"问学课堂"教学范式,并逐步实现两者的深度融合,适应大数据时代发展,满足学生的个性化学习的需求,让生命成长更精彩。

四、构建"自主成长课程"体系

依据学生核心素养发展需求,学校构建了以培养与发展学生核心素养为目标的"自主成长课程体系"(如图1所示),并以"宽和问学"文化为精髓,尝试对国家课程、地方课程与校本课程加以科学的规划与统整,重构了一个有内核辐射、多维度设计的"自主成长课程体系"。除此之外,学校还不断地对核心素养的各个方面进行细化、分解和调整,将宏观上位的核心素养理念具体化,并最终与微观的学科知识紧密结合,由此将理论层面的素养具象为教师可以具体实施和教学的内容,将核心素养的培养完全融入具体的课程之中,力求把对学生核心素养的培养落到实处。

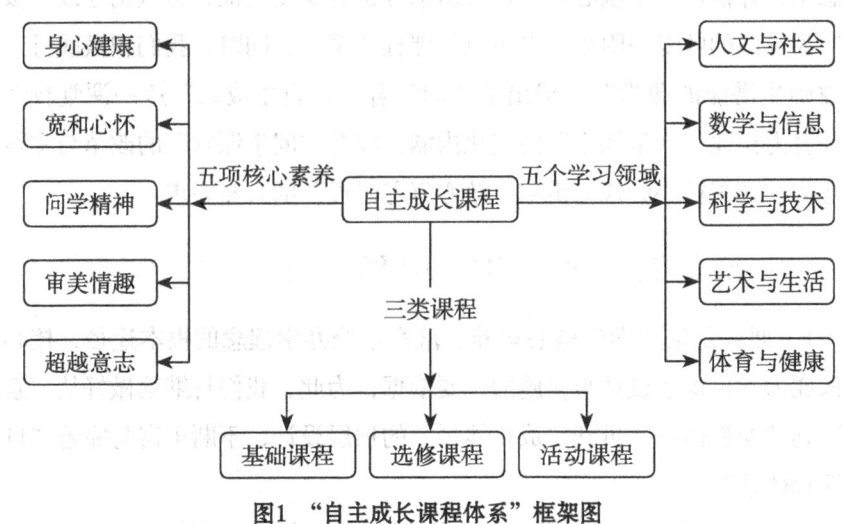

图1 "自主成长课程体系"框架图

（一）明确"五大核心素养"的发展方向

结合我校"宽和问学"的办学理念和学生成长规律，我们将从五个维度来确立学生发展的"五大核心素养"。具体如下：

1. 人与自己：身心健康

这是人之为人的首要核心素养。此素养要求学生身心全面发展、体质强健、心理祥和、自信向上、友善乐群，始终保持一种朝气蓬勃的"少年精神"。

2. 人与社会：宽和心怀

这是做人层面的核心素养。我校有两个校区：龙河校区、盐河校区。两条"小河"汇聚成一条"宽河"，由此提炼出"宽和"这一精神价值观。"大善者宽容，大智者谦和"，这意味着我们要做一个"宽容、谦和"的一附小集团人，亦是我们民族精神的基因。

3. 人与工具：问学精神

这是做学层面的核心素养。这意味着我们要做一个"善问勤学"的一附小集团人。提出一个问题比解决一个问题更重要，正如哲学家梁漱溟所说，学问学问，就是学着提出问题，这是做学的基本真谛。

4. 人与生活：审美情趣

这是生活层面的核心素养。支撑我校办学理念的核心是"生命美学"，美学家宗白华先生认为人生即美学。"艺术式"的人生才是有价值、有意义的人生，学生应以审美的、非功利的心态在学习生活中自由散步。

5. 人与未来：超越意志

这是理想层面的核心素养。我们的校训是"向着大海起航"。"大海"象征着梦想，"起航"意味着追求梦想只有起点，没有终点。面向未来，学生要会做梦，要能成梦。面向明天，学生要能够主动适应，反省自我，超越自我。

（二）拓宽"五个学习领域"的内容空间

结合"五项核心素养"的确立，进一步挖掘具有内在关联的"五个学习领域课程"：人文与社会、数学与信息、科学与技术、艺术与生活、体育与健康，截至目前我校已经开始七十余门课程，今后我们还将根据学生的需求以及社会发展的时代需求，继续开发新的课程，为学生提供更多的"课程菜单"，并依此来培育每一名学生的核心素养，实现学生的"自我发展"。"自主成长课程"统整规划后的"五个学习领域"，每一个领域都将涵盖若干门课程，具体如表1所示。

表1 学习领域及课程

学习领域	主要课程
人文与社会	主要课程由德育课程、人文课程、专题研究课程三类构成，其中德育课程，包括成长课堂、社会课堂、体验课程；人文课程，包括语文和英语等，即国家课程中的语文、英语等
数学与信息	主要课程由国家课程中的数学和信息技术等构成，以及选修课程中的民族数学等，如民族数学文化、生活与数学、数字动漫创作、机器人创意设计、STEAM创作课程、物联网工程等
科学与技术	主要课程由国家课程中的科学、劳技等构成，主要有航模、车模、船模、生活创意实验室、无土栽培实验室、家庭电路、天文台、数字气象站等
艺术与生活	主要课程由国家课程中的美术、音乐、生活等，如"孙大圣陶艺"、电脑绘画、"彩虹编织"、创意美术、花果山水粉画、POP创意海报、手工、纸艺以及生活美学、家政课堂等
体育与健康	主要课程由国家课程中的体育、心理辅导等构成，选修课程中的球类运动，如七色花健美操（啦啦操）、网球、乒乓球、花式键绳以及心理小剧、心语日记等

（三）推动"三类课程"的新常态实施

杜威曾指出："课程最大的流弊是与儿童生活不相遇，学科科目相互联系的中心点不是科学，而是儿童本身的社会活动。"我们通过对人的活动的研究，识别各种社会需求，把它们转化为课程目标，再进一步把这些目标转化为学生的学习活动。在此基础上，我们以核心素养的达成为课程总体目标，架构了"自主成长课程"的整体框架。"三类课程"主要包括：

一是，基础课程，即国家课程、地方课程，还包括对国家课程的校本化设计。我们将在原来的基础上围绕语文、数学、英语等八个学科继续进行二度开发，不断创生与拓展新的课程，具体如表2所示。

表2 二度开发

基础课程	语文	数学	品德与生活（社会）	英语	音乐	体育	美术	信息技术
二度开发	书法	数学思维	儿童绘本	典范英语	合唱	少儿趣味田径	水墨画	机器人
	国学经典	民族数学文化	儿童哲学	/	形体塑造	啦啦操	陶艺	STEAM
	成长大课堂	/	/	/	竖笛	足球	装饰画	/
	/	/	/	/	/	篮球	/	/

课程具体分解如表3所示：

表3 课程具体分解

课程/年级	一	二	三	四	五	六	实施情况
书法	√	√	√	√	√	√	语文课程基地核心项目，已实施
国学经典	√	√	√	√	√	√	语文课程基地核心项目，已实施
成长大课堂	√	√	√	√	√	√	校级社团活动，已实施
民族数学文化	√	√	√	√	√	√	数学课程基地核心项目，已实施
数学思维			√	√	√	√	数学课程基地核心项目，已实施
儿童哲学					√	√	正在开发的新课程项目
典范英语			√	√	√	√	英语课程基地正在开发的新课程
形体塑造				√			校级社团活动，已实施
儿童绘本	√	√					校级社团活动，已实施
竖笛			√				校级社团活动，已实施
合唱				√			校级社团活动，已实施

续表

课程/年级	一	二	三	四	五	六	实施情况
啦啦操					√		校级社团活动，已实施
足球				√			校级社团活动，已实施
少儿趣味田径	√	√	√	√	√	√	少儿趣味田径课程基地项目；校级社团活动，已实施
篮球					√		校级社团活动，已实施
水墨画			√				校级社团活动，已实施
装饰画				√			校级社团活动，已实施
陶艺				√		√	校级社团活动，已实施
机器人			√	√		√	信息技术课程基地核心项目；校级社团活动，已实施
STEAM					√	√	正在开发的新课程项目
……							

二是，选修课程，即选修课程是根据学生的个性及兴趣爱好，设计可供学生选择的、满足其个性需求的课程，学生通过"选课走班"的形式，自主参与学习活动。

具体设置如表4所示：

表4 具体设置

序号	领域	课程名称	适合年级	学科教室	实施情况
1	人文与社会	我的图画书	1-2	班级	√
2		我爱读童诗	1-3	班级	√
3		我爱小古文	4-6	班级	课程基地项目
4		走进楹联	3-6	书法教室	课程基地项目
5		故事大王	1-3	班级	√
6		成长编辑部	4-6	大队部	√
7		跟我学演讲	4-6	班级	√
8		中国文化系列研究	4-5	班级	√
9		我的家乡连云港	4-6	班级	融合《大圣故里》课程
10		中国城市研究	4-6	班级	√
11		世界之窗	5-6	班级	√
12		中国历史名人研究	5-6	班级	√

续 表

序号	领域	课程名称	适合年级	学科教室	实施情况
13	人文与社会	神奇的大自然	1-3	班级	√
14		我和英语做朋友	1-2	班级	课程基地项目
15		英语歌曲坊	1-2	班级	课程基地项目
16		小报制作坊	3-4	美术教室	课程基地项目
17		Talk Show	3-4	班级	课程基地项目
18		英语电影配音室	5-6	学校电视台	课程基地项目
19		英语名著	5-6	班级	课程基地项目
20		通关系列课程	3-6	图书馆等	正在开发
21		通识系列课程	3-6	班级	正在开发
22		汉民族传统服饰文化课程	6	班级	√
23		秋文化研究	4	班级	√
24	数学与信息	数学好声音	1	班级	√
25		我爱七巧板	2	班级	√
26		神奇一笔画	3	班级	√
27		校园小超市	4	班级	√
28		数学与文学	5	班级	课程基地项目
29		数学微写作	6	班级	√
30		游戏乐翻天	6	班级	√
31		数学小辩手	6	班级	√
32		机器人	5	机器人活动室	课程基地项目
33	科学与技术	无土栽培实验	3	活动基地	√
34		航模技术	4	专用室	√
35		车模技术	5	专用室	√
36		船模技术	6	专用室	√
37		天文台	5	专用室	√
38		数字气象站	4	专用室	√
39		行走在胶片上的电影	4	专用室	√

续表

序号	领域	课程名称	适合年级	学科教室	实施情况
40	艺术与生活	撕贴画	1	美术教室	√
41		炫彩棒	2	美术教室	√
42		线描	3	美术教室	√
43		造型设计	4	美术教室	√
44		神奇的超轻黏土	4	美术教室	√
45		立体纸艺	5	美术教室	√
46		剪纸	3	美术教室	√
47		装饰画	6	美术教室	√
48		电脑绘画	3	网络教室	√
49		芭蕾舞	4	舞蹈室	√
50		现代舞	4	舞蹈室	√
51		享受音乐	1—6	音乐教室	√
52	体育与健康	有"色"跳绳	1—2	操场	课程基地项目
53		轮滑	3—6	操场	√
54		投掷	5	操场	√
55		乒乓球	3—6	露天活动室	√
56		童心剧场	3—6	心理健康室	√
57		破冰之旅	3—6	心理健康室	√
58		快乐成长	3—6	心理健康室	√
59		小小舞蹈家	1—2	心理健康室	√
……		……			

三是，活动课程，是指对学生参加的校内外主题活动、课外实践体验活动、综合性活动的课程化设计，并基于年段特点、时间节点、场域变化、主题活动、重大节日开发"课程群"。

活动课程的架构如表5所示：

表5 活动课程的架构

课程类型	学习类型	课程目标	课程领域	课程架构
活动课程	综合实践体验性课程	在综合性活动和实践探究活动中培养学生的创新精神、实践能力和合作精神	分主题设置：综合实践活动、社会实践活动、校园四大节日、国际游学等	架构维度：基于时间、空间，基于校园节日，基于主题活动等

具体设置如表6所示：

表6 具体设置

类别	课程\年级 课程名称	一	二	三	四	五	六	实施情况
学校公共课程	校园读书节	√	√	√	√	√	√	已经开展10届
	校园英语节	√	√	√	√	√	√	已经开展10届
	校园科技节	√	√	√	√	√	√	已经开展10届
	校园体育节	√	√	√	√	√	√	已经开展10届
	童梦剧场	√	√	√	√	√	√	已经开展
	成长文学社（校报）				√	√	√	已经开展
	感恩教育	√	√					已经开展
	生命教育			√	√			正在开发
	心理辅导					√	√	正在开发
	远足课程（春、秋）	√	√	√	√	√	√	已经开展
	游学夏令营			√	√	√	√	已经开展
	通关图书馆					√	√	已经开展
	成长广播站	√	√	√	√	√	√	已经开展
年级公共课程	入学课程	√						已经开展
	亲子好时光	√						
	我的图画书	√						已经开展
	礼仪课程			√				

续表

类别	课程\年级 课程名称	一	二	三	四	五	六	实施情况
年级公共课程	爸爸课堂			√				已经开展
	十岁课程			√				正在开发
	家政课堂							
	爱心基金课程					√		正在开发
	毕业课程						√	已经开展
	学长有约						√	
	英文电影						√	
	《三字经》大讲堂	√						已经开展
	《弟子规》大讲堂		√					已经开展
	《增广贤文》大讲堂			√				已经开展
	《笠翁对韵》大讲堂				√			已经开展
	《三十六计》大讲堂					√		已经开展
	《论语》大讲堂						√	已经开展
累计		8	8	9	9	9	9	52

对此，我们将在此基础上不断地优化升级、创优创新，并力求在"优化自主成长课程体系：推动课程结构变革""建设学科专用课程教室：革新课程实施环境""建立统整实施课程策略：提升课程开发能力""建模选课走班课程范式：推进课程科学实施"四个方面进行深入探索与实践。

五、"自主成长课程"与"问学课堂"的关联性

核心素养强调的不是知识和技能，而是学生获取知识的能力。此外，核心素养的形成还需要通过教学改革实验得以具体落实。所以，如果说"自主成长课程"的建构，所解决的是"培养什么人"的问题，那么，我们所提出的"问学课堂"恰恰就是在解决"怎样培养人"的问题，两者相辅相成，你中有我，我中有你，但最终聚合在培养与发展学生的核心素养上来，具体如图2所示。

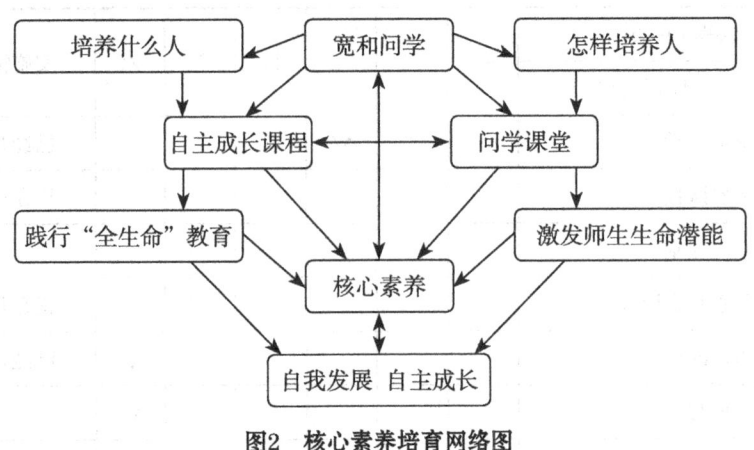

图2 核心素养培育网络图

通过"自主成长课程"的深度建构与"问学课堂"的教学改革实验，最终的目的就是要促进学生的自我发展、自主成长，激发和引导学生的自我发展。所以，在不断推进"自主成长课程"体系的可持续发展的同时，积极探索基于"核心素养"的课堂教学范式，以通过改革课堂教学来引领、辐射课程发展，营造勤思、善问的环境现场，着意培养一附人的"问学"精神，力求实现从"学科教学"向"学科教育"、从"知识本位"向"素养引领"的转变，践行"全生命"教育，从而激发师生的生命潜能。为此，我校将课堂定位为"问学课堂"。问中学，学中问；因学而好问，因问而深学，旨在使学生养成批判性思维。"问学课堂"是对学习真谛的把握，是对核心素养的价值诉求，也是我们今后深入贯彻"自主成长课程"新常态实施的一个重要举措，具体如图3所示。

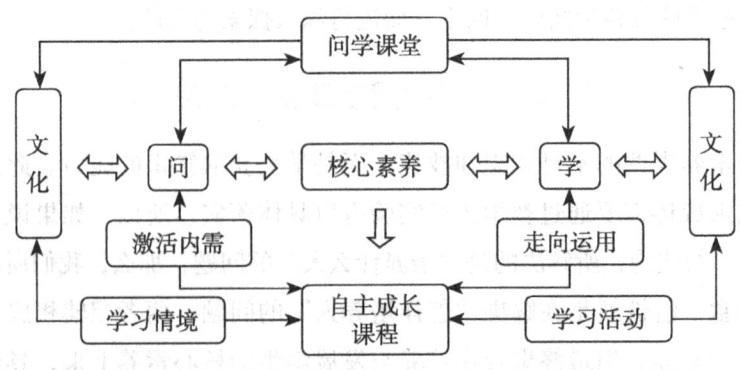

图3 问学课堂、自主成长课程与核心素养的关系图

六、大数据时代，发展学生核心素养展望

随着"自主成长课程"的不断建构及"问学课堂"的深入实验，学校在课程目标、内容、实施策略等方面也要与时俱进，充分借助大数据的分析、整合与预测的功能对未来的课程改革课堂教学实验与建设进行整体的设计与规划。

1. 大数据背景下，"自主成长课程"与"问学课堂"的理论丰赡

将大数据理论应用于"自主成长课程"的课程改革与建设，以及"问学课堂"的教学实验，可以更为直观地判断与预测课程（课堂教学）改革与建设的发生、发展，具有很强的前瞻性、科学性与规范性。

2. "互联网+"时代，"自主成长课程"与"问学课堂"的新常态实践

"互联网+"时代的深度融合，使得课程与课堂的样态也在发生着变化，如何在"互联网+"时代进一步完善与建构"自主成长课程"体系，展开与"问学课堂"的新一轮教学实验，这是一个崭新的命题。

3. 场景时代，"自主成长课程"与"问学课堂"的实践追求

在即将到来的"场景时代"，如何让我们的课程内容及课堂教学的展示变得更加可视化、场景化，课程与课堂的改革，迫切渴望"场景"的在场。这是挑战，更是机遇，同时也是未来发展的趋势。

附

五大领域课程建构

（一）人文与社会

1. 德育课程

（1）成长课堂系列：入学课程、十岁课程、毕业课程、女生课堂、男生课堂、爸爸课堂、学长有约。

（2）社会课堂系列：热点问题大家谈，生命教育，爱心基金课程，感恩教育，毒品预防，家政课堂，今天我上班（职业体验），小小公益家（公益活动），校园小法庭（法律讲坛、跟我学礼仪），跟我学穿衣（生活美学），跟我学花钱（学习消费），跟我看天下（学当导游）。

（3）体验课程系列：春秋两季远足课程（六个年级）、游学夏令营。

2.人文课程

（1）语文类：校园读书节，童话节，我是小主持，我爱小古文，走进楹联王国，走进名著，我的图画书，亲子阅读好时光，故事大小王，儿童哲学阅读，成长文学院，通关图书馆（图书馆课、通关博物馆、通关艺术馆），我来打榜单（读荐书榜），成长编辑部（自办小报、成长广播站、成长小剧场），请听我开讲（学习演讲），唇枪对舌剑（学习辩论）。

（2）英语类：英语节、英语儿歌、旅游英语、英语表达秀、英语演讲社、英语情景剧、英语小报、英文电影。

3.专题研究课程

我的家乡连云港《大圣故里》校本课程的再开发与实施。

（二）数学与信息

1.数学类

数学小实验（我爱玩魔方、我爱七巧板、我爱扑克牌、我爱珠心算），数学儿歌赏析，校园小超市，智取华容道，巧拆九连环，神奇一笔画，数学小辩手（数学悖论、民族数学文化、生活与数学、数学小神探）。

2.信息类

数字动漫创作、机器人创意设计、信息生活工程师、网络生活工程师、Scratch动画设计、STEAM创作课程、物联网工程、Logo小海龟绘图、Powertech创新设计、"酷乐宅"计算机创意。

（三）艺术与生活

1.书法与美术

软笔（泼墨团），硬笔（透纸社），经典儿童画欣赏，儿童装饰画（线描、色粉、其他媒材），孙大圣陶艺，电脑绘画，"彩虹编织"，创意美术，"姥姥剪纸"，花果山水粉画，经典名画欣赏，POP创意海报，平面设计，立体造型（手工、纸艺、素描、沙画、篆刻）。

2.音乐与舞蹈

形体塑造（现代舞、街舞），声乐训练（鼓号队、合唱、竖笛、架子鼓、经典儿童歌曲欣赏与指挥），计算机音乐（电子音乐编排、口风琴）。

（四）科学与技术

中国纸文化与制作、结构与力的秘密、无土栽培实验室、地球与宇宙的奥秘、航模、车模、船模、生活创意实验室、家庭电路、一附小天文台、一附小数字气象站、魔术帽子节。

（五）体育与健康

1. 身体健康

七色花健美操（啦啦操）、趣味体育节、趣味游戏、"飞火流星"、足球社团、"传奇"篮球社团、"排山倒海"排球社团、网球社团、乒乓球社团、花式键绳、预防地震。

2. 心理健康

小小舞蹈家：通过编排韵律舞，释放学生的心理压力。

小小设计师："心育小报"旨在让学生交流各自的内心世界，介绍心理健康知识，并进行心理问题的探讨。

团队游戏：通过游戏增强团队协作能力以及人与人之间的信任。

心理游戏：运用心理学的原理以期达到某种成果的游戏。

心语沙龙：诉说自己的烦恼。

心理小剧：心理儿童剧、心理小品、心理故事会、心理训练操。

心语日记：学生进行心理宣泄和排解，有心理认知和感悟。

破冰之旅：帮助学生学会沟通，变得更加乐于交往，学生之间互相学习。

公共"选课走班"课程与自主"选课走班"课程

（一）公共"选课走班"课程

1. 学校公共"选课走班"课程

知识类：校园读书节、校园英语节、电影剧场、成长文学社（校报）、口腔保健、食品安全。

情感类：生命教育、感恩教育、心理辅导、女生课堂、男生课堂。

实践类：春秋两季远足课程（六个年级）、游学夏令营、今天我上班（职业体验）、小小公益家（公益活动）、跟我看天下（学当导游）、通关图书馆（图书馆课）、通关博物馆、通关艺术馆、成长广播站（儿童广播）。

2. 年级公共"选课走班"课程

一年级：入学课程、我的图画书、亲子好时光（亲子阅读）。

二年级：礼仪课程、爸爸课堂、我的图画书。

三年级：十岁课程、跟我学花钱（学习消费）。

四年级：家政课堂、跟我学穿衣（生活美学）。

五年级：爱心基金课程、社会热点问题大家谈、毒品预防、校园小法庭。

六年级：毕业课程（小升初衔接课程）、学长有约、英语表达秀、英文电影。

（二）自主"选课走班"课程

1. 校级社团选修课程

七色花健美操（啦啦操）、点金手社团、"飞火流星"足球社团、"传奇"篮球社团、"排山倒海"排球社团、"黑白律动"社团、陶泥、线描、电脑绘画、9号社团、"梦之声"童声合唱团、"笛声飞扬"社团、"无敌筋斗云"航模社团、网球社团、乒乓球社团、"墨源"社团、硬笔书法透纸社、"雀之灵"舞蹈社团、"雀之声"独唱表演唱社团、花式键绳、街舞、英语剧、成长小剧场（演儿童剧）、芭蕾舞、水粉画、POP创意海报、数字动漫创作（信息）、Scratch动画设计、无土栽培实验室、温馨心灵小屋。

2. 班级社团选修课程

一年级：我爱七巧板与折纸、童谣儿歌诵读、儿童画、昆虫记、百草园、花仙子、绘本阅读、动物世界、气象天地、生活小百科。

二年级：身边的农作物、交通工具、儿童诗艺术、故事大王、生活小百科、昆虫记、百草园、花仙子、动物世界、气象天地、神奇的扑克牌

三年级：趣味语文课堂、歌词欣赏、楹联王国、英语儿歌、数学小日记、巧拆九连环、我爱玩魔方、儿童诗欣赏。

四年级：巧手编织、成长编辑部（自办小报）、创意手工、英语小报、我爱扑克牌、数学小实验、笛声悠扬。

五年级：我是小主持、剪纸坊、名著沙吧、英语演讲社、数学小辩手（数学悖论）、儿童的哲学（哲学阅读）。

六年级：我爱小古文、英语情景剧、请听我开讲（学习演讲）、唇枪对舌剑（学习辩论）、奥林匹克数学、走进古典名著。

"自主成长"课程设计案例：竹韵

研发团队：李生彩　郭　嘉

（一）课程背景

中国是世界上竹类资源最为丰富、竹林面积最大、开发利用竹资源最早

的国家之一，素有"竹子王国"之称。竹子因青翠挺拔、奇姿出众、凌霜傲雪、四季常青广受人们的称颂。人们赋予它心虚节坚、坚忍不拔、风度潇洒的"君子"美誉。在悠悠几千年的历史发展长河中，竹子与人们的生活息息相关，"宁可食无肉，不可居无竹"，唐宋以来，竹子与梅花、松树并称为"岁寒三友"。明代则把"松、竹、梅、菊"并称为"四君子"。竹子虚心自持、高风亮节，实乃君子写照，其品性、风韵都成为文人雅士歌颂追求的对象。以"竹"文化的专题研究课程内容往往是学生感兴趣的，也是符合学生个性特点的，学生在学习过程中必然能够收到明显的教育效果，学生的个性特长和综合素养必然能得到全面的提高。

《竹韵》是"中国文化研究系列"课程之一，以"竹文化"为资源的选修课程开发和实施，有利于满足学生成长的需要，让学生在研究与实践中触摸中华文化脉搏，这也是本课程开发设计的一个出发点。

（二）课程目标

以"竹"为载体，通过开展有关竹子栽种、知识、趣闻、工艺等方面的学习和实践，渗透语文、美术、音乐、劳动技术、科学、体育、书法、经典诵读等学科知识和内容，并围绕"竹"开设拓展型课程。在品德方面，以竹的文雅、顽强、谦虚、正直等要求学生；在智育方面，以竹的诗、词、歌、赋、画、书法等充实学生；在美育方面，以竹的宁静美、生命美等感染学生；在体育方面，以竹舞运动等强健学生身体；在音乐方面，以竹笛、竹舞来熏陶学生；在劳动方面，积极利用竹资源，制作竹工艺品等锻炼学生。

（1）以"竹文化"为校本课程载体，通过学生动手制作、社会实践、问题探究、主题学习等活动，丰富学生对"竹文化"的认识，了解竹子在我们生活中所起的重大作用，增强学生的环境保护意识，提高学生的综合实践能力，促进学生的个性化发展。

（2）帮助学生了解竹子生长过程，懂得竹子特性等常识，知道竹子的各种利用价值，背诵有关竹子诗文，学习画竹，并进行制作、游戏、观察等实践活动，提高学生的动手操作能力，培养学生热爱家乡、热爱自然的良好品质。

（3）通过搜集资料、观察讨论、小组合作等多种活动方式，培养学生获取信息的能力、动手实践的能力以及创意设想的能力，并在实践中增强团队合作能力和人际交往能力。

（4）通过探究"竹文化"的内涵，使学生了解中国文化的源远流长、博大精深，增进学生的探究热情，使每一名学生都以"竹韵"为楷模，积极进取，正直谦逊，成为人格健全、心理健康、情操高尚、体魄健壮、敢于实践的学生。

（三）课程实施对象

五年级学生。

（四）课程实施的时间、地点

时间：周五下午。

地点：五（1）教室。

（五）课程实施的形式

选课走班。

（六）活动计划安排

学期	日期	教学内容	相关联的学科	预期成果展示方式
上学期	第二周	竹子的生长过程1	科学、生物	图片展
	第三周	竹子的生长过程2	科学、生物	图片展
	第四周	竹子的种类习性1	科学、生物	手抄报
	第六周	竹子的种类习性2	科学、生物	手抄报
	第七周	竹子的种类习性3	科学、生物	小论文
	第八周	竹子的分布探究	地理、生物	小论文
	第九周	探秘金镶玉竹	地理、历史	小论文
	第十周	竹子的实用价值——建筑	美术	欣赏
	第十一周	竹子的实用价值——乐器	语文、音乐	演奏
	第十二周	竹子的实用价值——工艺品	美术、劳技	小制作
	第十三周	竹子的实用价值——服饰	历史、美术	小制作
	第十四周	竹子的实用价值——交通工具	历史	小制作
	第十五周	竹子的实用价值——生产生活用具	历史、劳技	小制作
	第十六周	竹子的实用价值——书写工具	历史、劳技	小制作
	第十七周	竹制器具的保养方法	劳技	现场展示
	第十八周	竹编艺术	劳技、美术	制作

续表

学期	日期	教学内容	相关联的学科	预期成果展示方式
下学期	第二周	竹文化历史探源	历史	小论文
	第三周	竹文化的发展	历史	手抄报
	第四周	竹子的文化——传说故事	语文、信息技术	讲故事比赛
	第五周	竹子的文化——民俗	语文、历史	成语竞赛
	第六周	竹子的文化——成语	语文	诗词朗诵
	第七周	竹子的文化——诗词	语文	书法作品
	第八周	竹子的文化——书法	美术	绘画作品
	第九周	竹子的文化——绘画	音乐	展示
	第十周	竹子的文化——舞蹈	劳技	实物展示
	第十一周	竹子的文化内涵——精神体现	语文、历史	小论文
	第十二周	竹子的药用价值	社会	小论文
	第十三周	竹子的食用价值	社会	手抄报、展示
	第十四周	竹子的经济价值	社会	调查报告
	第十五周	竹文化的宣传1	语文、美术、音乐	手抄小报、节目表演
	第十六周	竹文化的宣传2	语文、美术、音乐	手抄小报、节目表演

"宽和教育"评价的改革实验[①]

学校于2014年9月提炼并确立了"宽和问学"的办学理念,"宽和"取"宽河"的谐音,指做人要"宽厚、宽容、谦和、平和";"问学"指做学要"善问好学、问学合一"。"宽和问学"的办学理念契合2014年3月教育部下发的《关于全面深化课程改革,落实立德树人根本任务的意见》的精神,是对"立德树人"的积极回应与实践。同时,落实与发展学生的核心素养,成为我校"自主成长课程"深度建构与课堂改革实验的重中之重。

学生站在"课中央",凝聚了我校"问学课堂"的改革与实验的全部内涵,也彰显着我校开展与落实素养评价的全部意蕴,所指向的都是对学生个体的确认。评价转型,从学生喜欢的方式做起,即对学生的核心素养养成的价值诉求,具有划时代的意义。

一、缘起:"素养评价"改革是学生的生长诉求

为了切实领悟与实践国家深化新一轮课程改革的方向,做到与时俱进、改革创新,师专一附小教育集团秉承"向着大海起航"这一美好的教育愿景,紧紧围绕以"宽和问学"为核心的学校文化内涵,开展"培养什么人,怎样培养人"的系列主题研讨,传承与创新并进,开发了"自主成长课程"体系,为学生的生命成长提供了多元化的课程选择,也为学生潜能的发掘提供了个性化的选择菜单。课程的有效实施,需要课堂来推动,我们立足实践,广泛地开展研究,践行从"知识至上"走向"素养为重"的变革意图,构建了以"问学"理念为核心的"问学课堂"。总而言之,学校的一切教育活动全面指向学生的生长。

[①] 本节基于学校"宽和问学"评价改革团队的研究成果,秦静执笔,有修改。

二、架构:"素养评价"的学科操作方案

基于"核心素养"的教育综合质量评价标准是一个相对宏观的评价导向。那么,如何才能将这样的评价标准落实到我们的课程、课堂和教育教学活动中,使得评价工作能够在操作层面上落地生根,真正发挥评价的正确导向作用。下面,笔者将从理念、内容、策略三个维度展开探讨。

(一)理念架构

我们以"人"的核心素养为评价,构建总的指导思想,融入我校"宽和教育"的办学文化要素,以促进学生成长为中心来整体构建我校的"素养评价"体系,拓宽"素养评价"的宽度和厚度,把学校的成长课程实施、各级社团活动的实施水平和学生的班级活动全部纳入"素养评价"体系,从学生生长的综合素养和学科核心能力素养两个维度进行具体设计,对综合素养的个性化评价进行了初步的实践,确立了基于学生成长信息跟踪录入的形式,以此强化过程性评价,使得学科核心能力素养的评价从单元向多元深度架构,如图1所示。

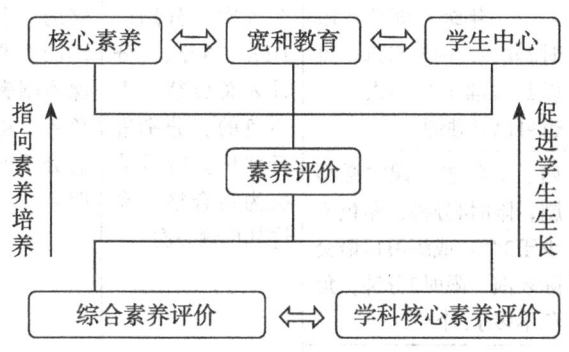

图1 师专一附小学生核心素养的模型构建

"素养评价"体系的构建以《课程标准》为依据,以当下的教育新质量观为指导,融通了知识素养评价、能力素养评价与个性发展评价,将学生的发展力和价值观关联了起来。"素养评价"改革,旨在促进我校教育教学模式的深刻变革,实现"学科教学"向"学科教育"转型,架设"学科课程"和"活动课程"的桥梁,从根本上转变教师的教育质量理念,丰富学生的学习过程,为学生的校园生活打上人生成长的亮丽底色。

(二)内容架构

学校基于发展核心素养而拟定的五个评价维度是抽象的,需要把抽象的

评价维度分解为具体的评价内容,设计易于操作的评价量表。为此,集团围绕"素养评价"的总体目标,结合我校的课程实施体系、"问学课堂"理念以及《课程标准》,对语文、数学、英语学科的"素养评价"内容进行多次研讨,邀约各级专家进行指导,通过多种途径反复商讨,精心设计评价维度,确定具体的评价操作方案,具体如表1所示。

表1 语文、数学、英语"学科素养"评价的内容形式(试用稿)

	项目	形式	评价	免考
语文	语文:写字(10分)	学校提供统一书写用纸,进行20分钟书写。低年级课后生字,中年级课后词语,高年级抄写一段话。具体内容另行通知	根据书写质量,分为优、良、合格三个等次。分别以10分、8分、6分计入总成绩。特殊情况为待合格,允许其再测一次	本学期参加书法等级考试且达到一定等级或参加校级及校级以上写字(书法)比赛获奖的,可予以免考。免考学生此项得满分(须提供证书)
	语文:朗读与交际(10分)	一年级朗读指定短文(带拼音)。 二、三年级:朗读,限时2分钟,内容自选。可以是合诵(2~3人),也可以是独诵	根据水平,分为优、良、合格三个等次。分别以10分、8分、6分计入总成绩。多角色的,分别进行评价。特殊情况为待合格,允许其再测一次	本学期参加过校级及以上朗诵、演讲比赛且获奖的,主持校级大型活动的或参加年级组以上课本剧表演的,可予以免考。免考学生此项得满分(须提供证书或证明)
		四、五年级:课本微型剧,限时4分钟,角色不少于3个。或练习口语交际表演,限时2分钟,角色不多于3个		
		六年级:微演讲,限时2分钟,内容从题库中随机抽取,题库提前一周告知		
	语文:写话与习作(30分)	学校提供统一作文用纸,限时40分钟,写话以看图写话为主,习作内容另行通知	根据评价标准,分为优、良、合格三个等次。分别以30分、26分、24分计入总成绩。特殊情况为待合格,允许其再测一次	本学期在《苍梧晚报》等报刊发表2篇以上或有自己习作集(8篇以上)(也可与其他同学制作合集)的,或参加市级及市级以上作文比赛获奖的,可予以免考。免考学生此项得满分(须提供复印件或作品集)

续表

	项目	形式	评价	免考
语文	书面测试（50分）	以积累运用和阅读理解为主。测试时间50分钟（一、二年级40分钟）。总分50分	与前三项测试成绩汇总，85分以上为优秀，75分以上为良好，60分以上为合格	三至六年级国学经典考至一半左右，必备古诗只考本学期应背内容
英语	英语：书写（10分）	学校提供统一书写用纸，进行20分钟书写。三、四年级字母、单词，五、六年级课文、对话。具体内容另行通知	根据书写质量，书写格式、大小写字母的正确应用等，分为优、良、合格三个等次。分别以10分、8分、6分计入总成绩	三至六年级学生参加校英语节绘本比赛获一等奖的，可予以免考（须提供证书）
英语	英语：1.阅读英语 2.口语交际（30分）	1.阅读英语 限时2分钟，采用课本上的现成内容：①Reading.（朗读字母、单词、短语或对话）；②A Song or a Rhyme.（歌曲或诗歌）；③English Reading for Primary School.（美文诵读）此项可以学生独立完成，也可以小组合作完成。 2.口语交际 采用课本上的现成内容：①Ask and Answer.（问答）；②Role Play（角色扮演）。此项小组合作完成	1.熟练朗读或背诵。 2.语音、语调正确，节奏感较强。 3.吐字清晰，表情自然。 根据朗读、表演水平及口语表达的流利程度，分为优、良、合格三个等次。分别以30分、26分、24分计入总成绩	1.参加英语风采比赛获奖的，可予以免考 2.三至六年级学生参加校英语节合唱比赛、卡拉OK比赛、情景剧漂流并获一等奖的，可予以免考（需提供证书）
英语	书面测试（60分）	本学期各年级教材内容，重点考查语言知识、语言技能。测试时间40分钟。总分60分	与前两项测试成绩汇总，85分以上优秀，75分以上为良好，60分以上为合格	无免考
数学	思维表达（20分）	口试。学校提供试题。根据学生的思路和语言表达现场打分。每名学生限1分钟完成	分为优、良、合格、待合格四个等次，分别以20分、18分、14分、10分计入总成绩	无免考

续 表

项目		形式	评价	免考
数学	实践操作（20分）	每年级安排两个测试室。五至十人一组，讲清要求后同时进行，每组限时5分钟。学生退出后，教师现场打分	分为优、良、合格、待合格四个等次，分别以20分、18分、14分、10分计入总成绩	无免考
	书面测试（60分）	测试时间均为40分钟。分数按百分比折算成60分	三项测试成绩汇总，85分以上优秀，75分以上为良好，60分以上为合格	无免考

语文、数学、英语学科更多指向学生的综合素质，关注学生的个性化发展，学科核心素养内容则侧重于学生的学科核心能力和学习兴趣的提升。二者之间相互补充和融合，既能保证学生的学业水平，又能促进学生的个性化发展，让学生在宽松、和谐的校园生活中享受成长的美好，实现学生共性发展与个性发展的双赢。

综合学科评价包括音乐、美术、体育、科学、信息技术等学科的素养评价，在评价内容的设置上依托学校的自主成长课程和各级社团活动，同时融合学生的学科学习内容，设置了四个维度的内容框架：艺术欣赏与审美、艺术创造与实践、科学实验与操作、社会实践与创新。综合学科评价着重探索过程性和开放性评价内容体系，致力于发现学生的潜质，尊重学生的个人兴趣，着力引导学生成为他自己。

（三）策略架构

1. 综合"素养评价"

这五个方面的"素养评价"考查内容相互融合，贯穿在学生的整个学习活动中，我们以班级为单位，围绕这五个方面为每名学生建立评价数据录入档案，录入由不同评价主体在不同领域所记录的评价数据信息。值得一提的是，这里的数据信息也包含反映学生过程性的评价数据信息，比如：学生参加各类活动情况的图片、教师对学生课堂评价的客观描述和现状分析、学生参与各类活动课程的情况效果记录、学生身心发展状况的调查统计资料及客观描述，学生在各个领域个性化的标志性成果信息等。

2. 学科"素养评价"

学科"素养评价"主要针对学生的学业发展水平，对学生知识技能、学习能力以及学科素养水平进行考查和测试，考查与测试的形式有书面测试、现场面试、实验操作、书面调查问答、情景模拟表演等多种形式。在具体操作策略上主要凸显以下四点：

（1）张扬个性，让一部分特长生享受"免考"。在学科"素养评价"中，为了彰显学生个性发展，在语文、英语、音乐、美术、信息技术等学科特别设计了免考项目，一部分学生根据本学期的表现和成绩可以获得免考资格，以语文学科为例：在"七彩语文杯"市写字比赛、参加省书法等级考试且达到一定等级的，可以获得写字免考资格；本学期参加校级及校级以上朗诵、演讲比赛、课本剧表演且获奖或主持校级大型活动的，可以获得朗读或者口语交际免考资格；本学期在《苍梧晚报》等报刊发表2篇以上、参加市级及市级以上作文比赛获奖的，或者有自己制作的习作集，且有一定质量的，可以获得写话或习作项目免考资格。免考的学生此项得满分，但须填写一张《免考申请单》，提供相应的复印件或作品集，经备课组长审核签字后方可奏效。本着尊重学生，自觉自愿的原则，我们也允许免考的学生选择不免考，欢迎他们参加考试。

（2）尊重学生，赋予学生评价内容的自主选择权。在学校规定素养测试内容中，有一部分学生在其中的某一方面比较薄弱，学校允许这部分学生根据自己的特长、爱好申请更换测试内容，让学生拥有展现自我的舞台。在综合艺体学科中，很多学生就选择了自己更擅长的内容。另外，测评结束后，如果学生对自己的成绩不满意，我们也允许他一段时间后重测或补测。

（3）贯穿过程，建立"评价周""评价月"的活动机制。学生的素养评价应该是一种常态化的实施模式，需要全程跟踪学生的发展水平。为此，学校基于学生年龄特点和评价内容特质，把评价工作在时间和形式进行适当统整，设置"评价周"和"评价月"活动，把评价内容和学校的特色活动相结合，让学生获得更多的活动式评价的快乐体验。

（4）群策群力，激发全体教师参与"素养评价"的全过程。为了让每一位教师领悟学校素养评价精神，教务处总是提前谋划，精心组织和安排每一项素养的评价工作，组织各学科教师积极配合参与。比如，我们在组织一至三年级的数学思维表达测试时，为保证测试结果的公平、公正，测试教师我们采用轮流测试,回避本年级的方式进行,并在测试前把学生平均分成8组,填好学生分组名单,写清班级和组别,交给测试年级的备课组长,再由测试年级的备课组长进行测试分配,保证每位测试教师测试年级9个班中的一组学生,尽量保证测试的公平。为保证测试的纪律和安全,每个班级根据实际情况,配备语文教师或其他学科的教师负责维持班级秩序,保证测试秩序。很多教师感叹:和以往的、简单的一张试卷评价比起来,这种评价方法更有利于学生数学素养的培养与发展。

三、诊断:"素养评价"数据的整理与分析

(一)分析方法

1. 宏观分析与微观分析相结合

根据校区教务处上报的基础数据,从宏观层面和微观层面对素养评价进行分析,宏观层面,以校区和学科为单位进行分析;微观层面,具体到每一个评价项目、每一个班级、每一个等级等。这样做既能从整体上分析出校区、学科之间发展的真实情况,又能从微观层面分析出宏观层面呈现的数据变化原因,具体如图2所示。

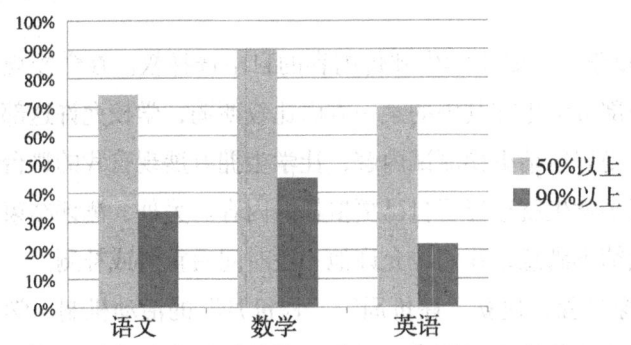

语文优秀率达50%以上的班级占74.19%,达90%以上的占33.33%。
数学优秀率达50%以上的班级占89.25%,达90%以上的占45.16%。
英语优秀率达50%以上的班级占70%,达90%以上的占21.67%。

图2 评价与监控一

2. 横向分析与纵向分析相结合

每一项数据,我们都要进行横向的数据分析,以期掌握校区间、学科间、班级间的均衡化发展程度。此外,我们还建立了近几年的评价数据库,每次评价,我们都要与"基础数据""历史数据"进行分析、比较,以期掌握某

一个测试样本的发展动态与趋势。这样就最大限度地保证了评价的科学性、客观性、全面性与公正性，具体如图3所示。

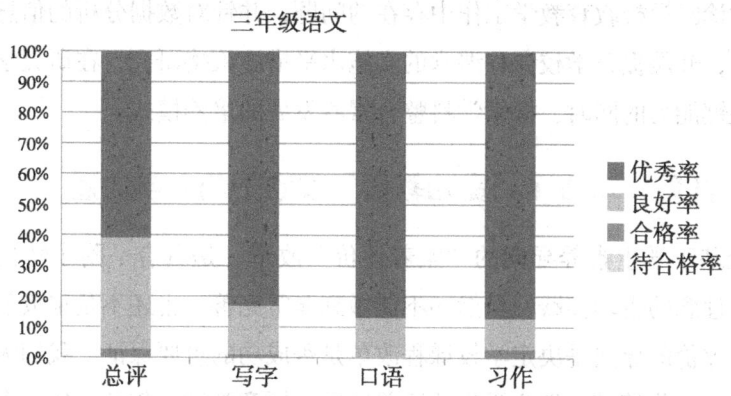

整体比较优秀，总评良好人数增多。文老师、黄老师等老师处于领跑位置。个别班级与总评还有一定提升空间。

图3　评价与监控二

3. 语言评价与图形技术相结合

为了确保数据分析的区别度与直观性，我们利用信息技术中的一些图形技术进行数据分析。比如，为了分析出语文学科"写字""朗读""口语交际""习作""阅读"等评价项目的真实情况，我们采用了雷达图（如图4所示），这样每个年级、项目的具体数据表现一目了然。

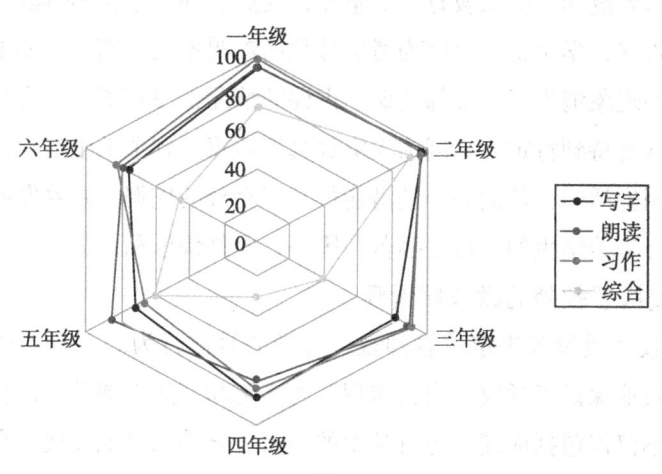

图4　评价与监控三

（二）评估决策

在数据驱动环境下，集团质量监控中心牵头组织教务处、教科处对评价采集到的数据从统计学的角度进行细致分析，从不同层面上评估学生的学业水平和综合素养水平，既关注学生的整体素养水平，又重视学生的个性特长发展，科学诊断学校教育教学工作中存在的问题，并针对数据分析的信息进一步组织研讨，开展提升学校课程课堂的实施水平措施策略研究，在研究学科素养和学科关键能力的同时，探索学科整合素养发展的培养模式。

五、成效：丰厚了"宽和教育"理念下的办学内涵

我校基于学生素养导向的"素养评价"改革，是具有一附小特色的"宽和教育"理念的生动实践，虽然还不能做到非常完善，也还不是很成熟，但我们知道，评价的导向是决定学校课程改革是否成功的重要保证。我们吸纳"宽和教育"的文化精髓，聚焦学生的素养发展，锐意尝试，创新立体、多元、开放的评价模式，积极营造宽松、平和、活泼、发展的校园文化环境，推动学校"成长课程"的有效实施，推进"问学课堂"改革不断向纵深发展，让丰富多彩的校园生活成为催生学生素养发展的有机土壤，不断提升学校的办学内涵。

（一）撬动了"应试教育"的坚冰

知识的叠加和重复操练，是应试教育的显著标志。在分数是评价的唯一标准的背景下，师生共同为了分数而拼，大量简单机械的重复，硬生生地扼杀了学生的个性特长和学习兴趣，甚至引发家校之间的矛盾。"素养评价"改革的实施，就是要撬动"应试教育"的坚冰，我们看到，家长不再因为学生作业多到学校来告状，学生也不会因为考试分数而被叫家长，期中、期末的时候，试卷满天飞的现象消失了，教师挤课、占课的情况也没有了。教师和家长从怀疑到支持，从支持到肯定，是因为大家都真切地感受到了学生在宽松和谐、丰富多彩的校园生活中，他们的个性潜能得到了充分的挖掘，素养发展得到了有效提升，学习带给学生的不再是痛苦和厌烦，而是快乐和自信。

（二）重构了教师的教育质量观

教师的教育质量观决定着教师教育教学的具体行为。"素养评价"的目标导向，有效地保证了学校"成长课程"的实施和"问学课堂"的实践。教师的教学理念不仅仅包括成绩，还有学生的能力、素养和潜能发展。在学生选修的书法课、手工制作课、城市文化课、机器人课等课程活动中，教师的态度不再是应付学校的检查，而是和学生一同经历活动的全过程，激发学生的个性潜能。在学校开展的各类班本课程活动中，学生们虽然来自不同的班级，但在教

师的组织下，学生的活动井然有序、兴致盎然。"问学课堂"的深度实践更是有效地引领了教师的专业发展和教师的教育质量观的重构。

（三）丰盈了学生生命的成长样态

德国哲学家莱布尼茨说："世界上没有完全相同的树叶，也就没有性格完全相同的人。"每一名学生都在写着一部自我的成长史，他们都有自己的个性特点和发展潜能。如果我们只用一把"尺子"去衡量每一名学生的成长和发展，这必然是违背"人"的发展规律的。"素养评价"就是用适合的"尺子"让每一名学生看到自己的优势，对自己充满信心，对学习活动产生兴趣，并把这种的情绪融合在日常的学习活动中，不断提升各方面的综合素养，丰盈生命成长的不同样态，成就不同的"我"。

附

小学生语文素养评价的实践路径[①]

欧盟地区，美国、澳大利亚等国家都强调母语学习的重要性，把交往能力（口头语言和书面语言的运用）和阅读能力确定为终身学习的基本技能。《语文课程标准》把理解和运用语文作为关键能力。行为学研究表明，FTF评价使小学语文评价从"泛化"走向"精准"，更加精准地发现、唤醒、点燃、激励学生的成长。

（一）评价项目化，聚焦学生语文关键能力的培养

语文关键能力是核心素养的下位概念，要实现对关键能力的精准评价，项目化评价是一条有效途径。

1. 评价项目模块化——题目变项目，精准评价学生语文素养

传统写字测试是以卷面分的形式呈现，只能对结果进行评价，至于学生的书写习惯、过程、状态等无法评价。再比如习作，我们常常会听到学生考试后惋惜地说："前面题目太难（太多），作文没有时间好好写。"学生的惋

[①] 本文由质量监控中心马玉春主任撰写，原文为《FTF评价：从"泛化"走向"精准"》，有改动。

惜，折射出传统测试的不合理、不科学性。系统科学的基本思想启示我们，基于FTF的评价是由很多要素所组成的复杂大系统，而这些要素中最核心的就是语文核心素养。人的行为是多维度的，全方位地采用分析与综合方法尤其必要。为此，我们有必要采用现场考查加纸笔测试的方法，以项目化的形式全面精准评价学生的语文素养。

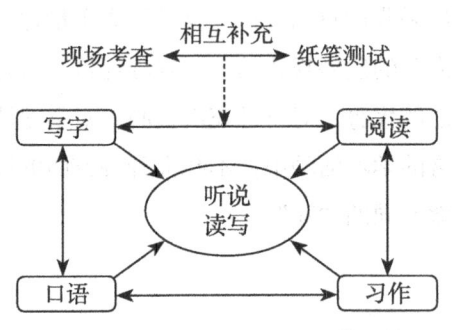

图1 基于FTF语文项目化评价系统

如图1所示，我们对评价这个复杂系统中的诸多要素进行了项目化处理。之所以这样处理，我们觉得写字、阅读、口语表达、习作既有不可分割的关系，又有其独立性和独特性。根据不同项目的特性，进行项目化处理，合理选择现场考查和纸笔测试两种形式进行评价，能精准而全面地评价语文素养。项目化处理后，学生就可以专注做一件事，消解了其他项目带来的干扰，评价就更趋向公平、科学。

2. 评价项目序列化——螺旋上升，精准评价学生语文成长样态

根据学生认知水平、年段的特点及教材的编排，对一个项目再进行系列化分解，从而使评价项目呈现丰富且具有内在联系的样态，学生根据自己的实际进行选择，实现能力的"螺旋式上升"。如对口语表达能力的培养与评价，根据不同的年段，设计不同的评价项目，如图2所示。

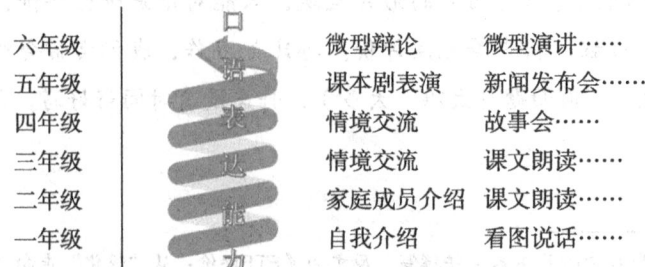

图2 语文项目化评价系统

3. 评价项目菜单化——自主选择，精准评价学生语文特长发展

我们倡导激励性的"扬长"教育，而如果评价过于封闭和单一，强迫学生被动接受评价，就会挫伤学生的积极性，扼杀学生的创造性。在希腊德尔菲神庙门楣上，有一句名言"认识你自己"。不同的学生在某些方面总会表现出一些优势。因此，评价内容和评价方式要体现出多样性，鼓励学生积极自主地选择适合自己的项目和形式，从而更好地认识自己。

基于FTF的评价列出"评价清单"，评价清单分为必测项目和选测项目，学生选择选测项目的过程就是认识自己的过程，让学生把自己的优势发挥出来，从而体会成长的愉悦。

"所有的教育改革项目，都应该指向学生核心素养的养成及其一生的发展。"由此可见，教育评价理应指向学生核心素养的养成及其一生的发展，基于FTF评价的落实最终要落脚到语文"关键能力"这个"重中之重"。项目化评价不是对传统试卷的简单拆解，而是规避了传统评价的弊端，是对语文关键能力的缕析与凸显，体现了对学生成长规律的把握和尊重，为学生的明天和其一生的发展服务。

（二）评价多维化，关注学生必备品格的濡养

标准化是教育评价测量时代的主要特征和追求。然而，这种以定量分析为主要手段的评价方法之于语文学科和人的个性化发展，呈现出了人文精神不足的倾向。因此，我们要认识到评价的多样性和复杂性，将标准化评价方法和人文科学方法相结合，构建符合语文学科特性的理性与人文并重的评价标准，是语文评价的当务之急。

1. 关注知识形成的能力——形成综合运用知识的能力

知识是能力的基础，能力是对知识的运用。知识分为语文知识和生活知识。在评价中，要注意考查学生综合运用知识的能力。比如在一次环保话题的口语交际评价时，让学生尝试运用不同的句式或形式来阐述环保的重要性，以考查学生学以致用的能力。有的学生以《一条小鱼的经历》为题运用拟人的手法讲述了自己的遭遇，有的学生则以《我市水资源现状调查》的形式呈现了令人痛心的水污染、浪费等现象，还有的学生把《云雀的心愿》（苏教版四年级下册课文）改编成了课本剧表演《我想有个家》，由于把所学的知识运用到了自己的口语交际实践中，学生的表现精彩纷呈，可谓是言之有物、言之有情、言之有理，学生的言语交际水平得到了明显的提升。

2. 关注结果产生的过程——立体互动评价学生

传统评价的单边性使人们只能过多的关注结果，不能反映学生在评价过程中的表现。FTF强调在互动中的评价，这就使评价更加关注过程成为可能和必然。在评价时，综合考量学生的表现，如达成结果的过程中学生所采用的方法、自信心、表达力等，从而更加立体地评价学生。而且，在面对面的评价中，教师可以及时对学生进行指点、激励，甚至帮助，从某种意义上说，评价的过程也是学生学习、成长的过程。

3. 关注评价发生的主体——让学生重新认识自己

"当局者迷，旁观者清"，长期以来教师掌握着评价的权杖，学生一直处于评价的被动位置。但不能否认的是，有时"旁观者"未必"清"，而"当局者"也未必"迷"。学生是事件的亲历者，自然感受最深。这时就要充分发挥学生的作用，鼓励他们互评、自评，把互评和自评当作教育的资源，让学生在评价自己的过程中加深对知识能力的理解和运用，重新认识自己。

综上所述，在评价时要多维度考量制定评价标准。以六年级微型演讲的评价为例，既要考虑学生合理运用知识的能力、表达的能力等，又要考虑到学生在这个多维度、动态性的活动过程中表现出的情感、态度、价值观等；既要有教师的评价，也要有自我的评价。为此，我们制定了如表1所示的评价量表。

表1 六年级微讲评价表

学生姓名：_____

一级指标	二级指标	权重	优秀	良好	合格	再努力
演讲内容	紧扣主题，结构完整	0.1				
	内容充实，语言规范	0.2				
语言表达	口齿清楚，语言流畅	0.1				
	语气语调，节奏恰当	0.2				
	普通话标准	0.1				
第二语言	表情动作，恰当得体	0.1				
	仪表端庄，充满自信	0.2				

自评：　　　　　　小组评：　　　　　　教师评：

（说明：二级指标中"良好"以上级别不少于5项，"合格"不多于2项，即综合评价为"优秀"）

(三)第四代教育评价,触摸学生个性成长的生命质感

霍华德·加德纳在《智力结构》中指出,智能应该是一个人创造性地解决情境问题的综合能力。《语文课程标准》也强调,语文是实践性很强的课程。在实践中学习语文,当然离不开情境。美国学者库巴和林肯教授提出的"第四代教育评价"强调,将健全的、有个性的人视为评价对象,主张从个人发展的需要和实际情况出发,通过评价活动促使人的个性得到充分的展示。

1.评价要关乎学生生活

我们要努力营造一个评价的场域,这个场域是民主、平等、自由的生活的"真实"发生,这个场域越"真实"越好,学生感受不到因评价而带来的压力与不安,评价的结果越真实。比如教师在进行口语交际测试"当你看到有人在草坪上玩耍时,你会怎样做?"时,就可以到草坪上进行情景再现,让学生根据实际情况做出自己的价值判断。有的学生觉得小草在生长,要小心呵护,于是有了"小草在生长,请您别打扰它"的劝告;有的学生认为草坪就是让自己免受伤害的保护神,于是有了"××同学,我能和你们一起玩耍吗"的请求;也有的学生关注到公共卫生,于是有了"你们玩得真开心,要讲究公德,可别乱扔垃圾"的善意提醒。学生完全将自己置身于创设的情境之中,做出了自己的合理选择,这不就是口语交际的要义——在生活中与人交流吗?

2.评价要来自学生需求

"自我价值的实现"是人的最高需求。这种需求得到满足,人的内心才能实现所谓的"高峰体验"。如微型演讲测评前,在六年级学生中进行了话题的征集:生活中,总会有许多事件、现象引发你的思考,请你把自己的思考提炼成话题写下来(不少于3个),最后经过整理、筛选、提炼出12个学生最感兴趣的微型演讲题。正是由于这些话题来自学生,他们自然会产生表达的需求。因此,学生不但做到了有话可说,而且有一定的深度。

基于FTF的评价改变了传统纸笔测试中"学生—试卷—教师"模式,创设了极具生活化的情境,让学生在一定的场域中进行生活再现式的评价,有利于收集学生的过程、状态信息,从而进行深层次的分析、诊断,有利于学生个性化的分类培养。

(四)评价差异化,让学生成为独特的"那一个"

心理学研究表明,学生的发展总是存在着一定的差异,这些差异主要表现在原有基础、接受水平、学习品质等方面。基于FTF的评价首先要承认学生

之间存在的差异,并利用好真实存在的这些差异,为每名学生设计一把"尺子",量身定做最适合他成长的评价,让学生在评价活动中把自己的才智和潜能都激发出来,成为最好的自己。

1. 申请"免考申请单"——激发学生扬长的内驱力

学生在某方面成绩突出且达到免考标准后,并填写"免考申请单"(如表3所示),提供相关学习成果,经科任教师审核后即可免考。

表2 语文学科免考申请单

姓名		班级	
申请免考项目 (在相应项目后打"√")	写字( ) 朗读( ) 口语交际( ) 习作( )		
免考理由陈述 (需提供佐证复印件)			
审核结果		审核老师签名	

学生Y:这学期,我举办了年级个人书法展,获得了写字免考资格,我很开心。

学生M:我参加学校朗诵比赛并获一等奖,获得了朗读免考资格。我要继续努力,争取在更大的舞台发出最美的声音。

学生S:经过一学期的努力,我有2篇习作发表在《苍梧晚报》上,在妈妈的帮助下,出版了我的第一本作品集《小鬼当家》,共有100篇作文。长大了,我要成为像莫言、曹文轩那样的作家。

实践证明,免考制度极大地激发了学生努力扬长的内驱力,强化了学生在学习过程中的某些兴趣,为明确今后的发展方向提供了一种可能。因此,免考制度既是强调结果的评价,又是注重过程的评价。

2. 申请重测制度——增强学生学习的自信心

测试具有一定的偶然性,它受测试题目的难易程度、学生当时的情绪等诸多因素的影响较大。基于FTF的评价,教师能在面对面的测试中把控这些因素对学生的负面影响,当学生对自己的表现不满意时,可以提出更换测试题目或重测的申请。重测制度给予学生多次测试的机会,其目的就是增强其学习的自信心,拒绝"一考定终身",为学生自信地成长营造宽松的环境氛围。

3. "成长即优秀"——不用一把"尺子"衡量学生

学生的发展总是存在着一定的差异,用一把"尺子"评价是量产思维,不能真实反映学生个体的成长状况,容易挫伤学生成长的兴趣和自信。这就要求我们寻找适合学生发展的那把"金尺子"。基于FTF的面对面评价,测试教师要综合考虑学生原有的素养水平和学习态度等,特别是对一些基础薄弱或学习有暂时性困难的学生,按照"成长即优秀"的要求,对学生的成长状况给出真实的个性化的评价,激励学生不断从优秀走向更加优秀。

基于FTF的小学语文评价站在生命成长的高度,充分释放学生的潜能,增强其自信心,帮助学生产生浓厚的学习兴趣,充分扬长,不断提升学生的综合素养,丰盈其生命成长的不同样态,实现自我的建构,成就不同的"我"。

"宽和问学"文化的环境重构

众所周知,课程居于教育的核心地位,也是实现办学理念的重要途径。当下教育改革的成功经验告诉我们,关注课程改革,不能仅仅局限于学科本身的融合和创新,而应该有更广阔的视野,把环境这一重要元素融入课改范畴之内,优化与建构适合师生教与学的课程教学环境,统筹谋划,让学校的教育环境成为课程的一部分。因此,环境的设计不只是形式的问题,而应从功能、人文与艺术等多方面加以思考并有机结合,只有从全方位、多视角出发,再结合校园的具体情况,才能创造出丰富多彩、富有特色的,适应新的教育理念的教育空间形态,真正有效促进"宽和问学"的办学理念在校园落地生根。

一、课程教学环境的优化与建构愿景

1. 体现"宽和问学"意境的塑造和表达

创造适合师生教与学的良好教育环境,最终是为了影响人、塑造人,使校园活动和氛围对师生产生积极的心理积淀,形成一定的文化观念,从而对师生的行为产生持久深远的影响。良好的教育环境不仅仅是让学生接受更多的知识,还应教给学生以正确的方式思考和面对这个世界。因此,"宽和问学"办学理念下的课程教学环境首先应该是一首立体的诗、一幅无声的画,给人以恒久愉悦的美感,师生在有意味的环境中获得宽容谦和、善问好学的心灵滋养;其次,其应该焕发出师生生命的活力,促进生命意识的觉醒,每一个个体都得以尊重,问与学的权利都得以张扬。"一个人,一个样"不再是口头上的应承,人与人之间的差异得到理解和尊重。

2. 助力"问学课堂"教学的推进和发展

"问学课堂"教学的推进和发展需要教师与学生共同的参与,改变以往教与学的传统观念,其从教学特性上来讲包括开放性教学、探究性教学、自主性教学、合作式教学等,新的教学方法、手段自然而然地突破了原有学科教学的封闭状态,把学生置于一种动态、开放、主动、多元的学习环境中,而这样的环境正是激发学生创新精神、提高思考能力及实践能力的重要条件。正如赞可夫所说,要努力使学习充满无拘无束的气氛,使学生和教师在课堂上都能自由地呼吸,如果不能造就这样良好的教学环境,任何一种教学方法都不能发挥其作用。因此,统筹布局,合理安排,细致考虑教学内容、教学目标,将空间资源成为教学乃至课程资源的一个重要组成部分,使"问学课堂"真正落实和发展。

3. 满足学生自身成长的可能和需求

在"宽和问学"办学理念的背景下,学校教育强调的是学生各个方面的全面发展,在发展学生兴趣的基础上,强调学生在自由的氛围中对各个领域的接触和探索,从而逐渐地发现自身的兴趣爱好。因此,良好课程环境的设计要把握儿童和青少年的身心发展表现出一些规律性的特征,既考虑到儿童整体阶段性发展特点的需求,也要照顾到"每一个"的可能性,将学习的权利交给学生。从某种程度上说,选择就是激发学生自我学习的契机,选择就是促进学生自主学习的关键,拥有选择权的学生,他的自主学习意愿就成了可能。

二、课程教学环境优化与建构的思考

在"宽和问学"办学理念的指引下,"问学课堂"所采取的方法和形式对校园空间必将产生新的要求,新的校园空间的内容和功能将发生巨大的变化。同时,"宽和问学"理念下的师生的校园生活会更加的灵活、亲切、丰富和充实,传统的教育空间已经不能够满足新的教育理念的要求。因此,课程教学环境的优化和建构应遵循以下原则。

1. 整体性原则

对于整体性而言,尤为重要的是要尊重规律,合理地进行功能分区,以达到最好的使用效果,减少对校园中心区教学生活的干扰,结合广场、建筑、连廊、绿地结成有机的网络整体,立足于创造良好的、活泼明朗的学习生活环境,营建"宽和问学"的文化氛围,拓展师生思想交流、情感交流的交往空间。

2. 多样性原则

"宽和问学"的办学理念决定了教育的民主化、交流的随意性,由此产生的多样性的活动也决定了教育空间的多样性。因此，在课程设置上，让学生拥有更多的选择机会和参与平台，以对应不同层次的需求。在此基础上，校园空间类型应尽可能丰富，每一处空间所容纳的活动应做到多样性，空间的气氛应尽可能宽松，以便为个体的各种需求提供条件，适度的混合使用以激发校园空间的活力。

3. 视觉审美原则

"宽和问学"背景下的教育空间打造必须追求美学品质，符合学生热情活泼的成长特性，优美、亲切而不失文化知识的积淀和美学底蕴，将美育的功能充分挖掘出来，让学生在感知、体验和沟通中解读校园中蕴涵的精神，从中获得对校园的认知和归属感。

4. 可持续性原则

从科学发展观的角度来说，教育空间的打造要为学校的后续发展留有一定的弹性空间，使之具有可持续性。一方面，课程的设置和发展要具有可持续性；另一方面，物理空间的设置要做到优化组合，能够为未来的教学变化做出合理的调整。

三、课程教学环境的优化与建构的实践与探索

（一）物理环境建设

校园中的物理环境建设，是优化和建构"宽和问学"办学理念下课程教学环境的有形载体，是体现办学理念的物质存在形式。为了使物质环境适应办学新理念、教学新方法的要求，近年来，我校教学物理环境逐步优化，取得了一定的成效。

1. 传统教室空间环境建设

在"宽和问学"办学理念的指引下，教室摆脱了以黑板、讲桌为中心的单一形式，形成了以学生为中心的灵活布局和丰富的授课形式，在开放、民主的氛围下，更有利于激发学生的主动性和创造性。为此，根据各学段"问学课堂"不同形式、手段的要求，我校主张在共性中追求个性，从而形成契合课堂教学的理想空间。此外，除普通的教室外，同时打造特色专业教室，促进课程教学环境的多节点、多层次。

（1）普通教室单元空间建设。普通教室是学生在校生活的基本空间，我们认为，普通教室应成为以教学、阅读、活动、操作、储藏、展示等多种功能

的复合空间，取代长期以来传统的"教师讲，学生听"的单一功能教室，使之成为学习空间的基本单元。在我校实践中，作为班级的基本活动单位，各个功能区域既相对独立，又有共同的联系。学校根据不同年龄学生的心理特点，以年级组为单位统筹安排设计，形成共性，在此前提下，各班级再根据自身的状况和教学特点，进行有个性、有特色的布置。例如，各个班级空间中校训校规、班训班规的设计和展示，英语角、阅读角的布置以及文化墙的打造。

（2）专用教室教学空间建设。专用教室的科学合理使用是实施"问学课堂"、提高教学效益的必然要求。专用教室的教学环境打造和普通教室作为复合空间的作用不同，要集中在"专用"两个字上。为此，根据不同教室的特殊功能，以"问学课堂"教学的实际需要为出发点，在追求实用的基础打造契合师生心理的环境，或古朴优雅，或活泼有趣，让师生在教与学的过程中充分感受富有学科意蕴的教学场域。例如，在为各专用教室取名这样的细节上也充分考虑到了"专用"的特质，我校"稚晖苑"为书法专用教室，"稚晖"为儿童之光辉，又为"智绘"谐音，运用智慧创作书画作品。"博雅苑"为音乐专用教室，"博雅"为博取风雅之意，"博雅"谐音"伯牙"，伯牙是春秋时著名音乐家，其中深意令人思考。

2. 非教室教育空间环境建设

"问学课堂"的教学形式应该是多种多样的、灵活的，这意味着教学地点不局限在教室内，授课对象也不一定局限在固定的班级结构内，学生可以根据兴趣、爱好选择学习的伙伴、地点、内容、形式和授课教师，从而使得知识的传递变得更加自然、亲切、富有效率和针对性。日本著名教育学家冢本英治曾提出"一草一木，皆参与教学"的观点，即我们要摆脱除了教室其余一切均与教学无关的认识，其他的空间和事物也都能够且应该参与到教学中。

（1）室内教育空间。对于身心处在发展阶段的学生，学习是全方位的，生活、阅读、沟通、交往等众多能力的学习无时无刻不与学生的校园生活密切相连，这就需要在教育过程中更多地注重教育的启发性，以及学生学习的自主性和主动性。因此，我们应为学生提供多种形式的学习空间，让师生、生生之间的互动有更好的平台。例如，我校在学生活动场所建设的书吧——两河书院，书院采取"开放式书吧"的管理模式，主要服务学生，由教师和学生志愿者协助进行常态管理。书吧的投入使用，为学生提供了丰盛的文化膳食，营造了良好的书香环境，已经成为校区一道美丽的风景。

（2）室外教育空间。室外即校园教育空间的建设，应强调与学校办学理念、精神的融合。一方面，要注重考虑发挥学校物质设施对课程教学的帮助以及学校精神文化潜移默化的熏陶和渗透功能；另一方面，"宽和问学"办学理念下，更强调学生的社会性和个性的全面发展及和谐统一，在集体环境中要鼓励同学间的交往、师生间的沟通。只有这样，才能营造出适合交往特质的空间内容和设施，实现师生对所处空间的交往性质的认同，为交往提供机会和空间氛围，使他们的沟通和交往更为方便、流畅、亲切与自然。

"文化就是随便一个人迎面走来，他的举手投足，他的一颦一笑，他的整体气质。"（龙应台）走在集团的两个校园里，随处可见"宽和问学"的文化印迹：造型别致、风格各异"宽和亭"与"问学廊"；"宽容自上善，和畅须下行""问所以明对错，学然后知不足""为师宽且有度，尚学和而不同"……一副副彰显"两河文化"的对联；"两河书院"书香浓，"成长园"中生欢畅，"个园"之中情飞扬，还有那镜园、朴园、藤园、桂园、玉园……一个个园子已成为师生快乐成长的精神乐园；"明旭印""至善林"承载着师生美丽的校园记忆，激发了学生积极尚善、尚美的情怀。课余师生交流其中，浸润在中国传统的文化氛围之中，赏园林之美，明做人之本，察学问之精髓，无处不教育。

（二）心理环境建设

作为软环境的心理环境的建设是"宽和问学"办学理念下课程教学环境的重要组成部分。近年来，学校在软环境建设不断探索实践，让每一位师生都能积极地参与学校各项活动，有机会从事自己感兴趣的内容的教学与学习。同时，个体能够在真实的人际互动中发展人际关系智能，在师生、生生平等合作的氛围中，获得足够的情绪安全感，从而获得更好的成长。

1. 宽厚谦和，营造校园中和谐的人际关系

从某种意义上讲，人际关系是一种高级形式的校园文化，直接影响校园文化建设，影响教育效果和教学质量。要营造和谐的校园人际关系，首先要在教师间倡导"宽厚谦和"。为此，学校领导着力营造一个民主、科学、开放的人文环境，使教师生活有张有弛、丰富多彩、生动活泼，促使教师打破单一的课程观、禁锢的教材观、机械的学习观，实现课内与课外、校内与校外、学校与家庭的有机结合与多维互动。学校注重发挥光环效应的作用，成立"名师工作室"，启动"青蓝工程"，极力打造"名教师"，用榜样激励教师。举办

"书友会",开展"寻找身边的榜样"大演讲,让各位教师畅所欲言,发现同事的优点,也发现自己的长处,充分发挥每位教师的积极性,让他们在实现自身的价值中体会到事业的成功。

同时,在师生间倡导"平等尊重"的人际关系。通过师生共同学习,参与活动,教师扮演引路人的角色,使师生间成为朋友关系。例如,教师和学生共读一本书,共同参与书友会活动,教师和学生共同参与学习研究等,教师能够与学生平等交流。无论是在课堂,还是在平时的校园生活中,师生间围坐一团、平等交流探讨的画面成为校园最美的风景。

2. 善问好学,营造自由、轻松、愉悦的学习气氛

学生的"善问好学"源自学校"宽和问学"的办学理念和"问学课堂"的教学范式。学校抓住"学生乐学""教师善导"两个关键点,变革教师教学观念、教学方式,倡导学生自主性学习、合作性学习、体验性学习和研究性学习,全面提高学校的教育教学质量。在全面整合课程的基础上改革课堂教学,实施和倡导"问学课堂"教学范式,在教学过程中倡导先学后教、以学定教,让学生快乐学习、幸福成长;问题让学生提,思路让学生想,答案让学生找,规律让学生说;给学生回答问题的机会、动手操作的机会、展示自我的机会。

在课堂教学改革的基础上,以培养学生的实践能力和创新精神为重点,促进学生的多元化发展,构建一种在教师指导下,学生自主选择、自我管理、自我锻炼和自主学习的学习活动模式。通过拓展学生的知识与技能,发展学生的兴趣和特长,让学生个性更张扬,让学生学得更安全、更自由、更快乐,让学生有丰富的情感体验、广阔的智力背景、活跃的思维状态。

3. 选课走班,建立课程教学良性循环机制

学生根据学科,自愿选择教室而汇聚成班,满足了学生个人发展的需要,是一次适合学生个性发展的探索尝试。目前,学校同年级每周四的体育和美术选课走班已成常态,每周五跨年级的"校级社团"和"班级社团"也如火如荼。社团活动以培养学生的实践能力和创新精神为重点,促进学生多元化发展,构建一种在教师指导下,学生自主选择、自我管理、自我锻炼和自主学习的活动模式。目前,盐河校区已经形成啦啦操、足球、乒乓球、擎风篮球、墨韵书法、童心童画、装饰画、墨彩国画、百灵鸟合唱、雀之灵舞蹈、悠然民乐、碧海蓝天航模、GOGO英语、鼓号、加速度网球、象棋、机器人、手工制作简笔画等20多个校级社团;有儿童诗写作、美文赏析、经典大讲堂、十字绣、趣味数学等30多个班级社团。

走班选课涉及时间重组、学生重组、教师重组，实现了真正意义上的普及与提高相结合、长线与短线相结合。实行"选课走班"后，同一教师不再归属于某一两个固定的行政班，有的教师可能还要承担不同类别教学班的教学任务，同一教学班的学生也是来自不同的行政班，同一学段的学生也未必选修相同的课程……走班选课，让越来越多的教师成为学生真正意义上的顾问、导师，让学生结识了更多的同学和朋友，学到了更多的知识与技能。

（三）课程资源开发

学校教育的核心是课程，育人目标要通过课程来落实。每一名学生都是多元的，每一名学生也都是独特的。面对不同的教育期待，怎样才能既达到甚至高于《国家课程标准》的要求，又使学生的个性化发展需求得到充分满足？这就需要我们对学校现有课程进行整合与提升。学校站在"立德树人"的高度，提炼出了"宽和问学"的课程理念，把"宽厚谦和"和"善问好学"作为学生的核心素养。

1. 统整资源，建构体系，使学生拥有丰富的学校课程

将空间环境纳入课程，使其成为课程的一部分，这就要求我们调动并整合学校所有的教育资源，不断发展、充实、丰富学校课程的内容。针对学生不同的学习基础、能力和水平，我们对国家课程进行二次开发，形成多层次、多种类、模块化的基础性课程和丰富多样的拓展型、研究型课程，努力建构具有学校特色的课程体系，打通课内与课外、物理与虚拟的联系，实现国家课程和学校课程的有效链接与补充。校园内广植玉兰、蜡梅、香樟等树种近百种，在语文课上学习《广玉兰》一课时，学生就可以在校园近距离观察广玉兰；在美术课上写生时，学生就可以拿起画夹来到风景如画的"镜园"……

2. 创建学程，重组模块，让学生选择适合自己的课程

长期以来，在整齐划一的班级授课制的影响下，学生对学校开设的课程只能是被动接受，往往造成学生的个性得不到张扬，特长得不到发展，因材施教成为一种让人憧憬的教育理想。要改变这种状况，必须要有灵活的课程组织实施方式，让学生在课程学习的过程中有选择的可能，让学生在自主判断、自主选择、自主规划中提高学习的主动性和积极性。学校率先在体育、美术两个学科实现了选课走班，接着，在语文、数学、英语等学科也进行了有益的尝试。比如语文学科，将一学期课程划分为几个阶段，每个阶段内容相对独立且具有一定的内在逻辑关系，学生根据自己的需要选择合适的课程进行学习，这样就保证了学程的创建和课程模块的充足。学生的个性化的学习需求得到了尊重，学生成长为独特的那一个成为可能。

3. 关注主体，改进课堂，让学生积极主动地投入到课程学习

课程改革的核心是课堂教学改革。学校在汲取市教研室推行的建构式生态课堂精髓的基础上，提出了"问学课堂"，目的就是进一步转变"教"与"学"的方式。学生是学习的主体，我们认为要给予学生充分的自主发展时空，强化课堂内外的自主学习，给予学生充分交流研讨展示的平台，关注同伴间的合作分享。"问"是有效学习的开端，也是深入探究的动力。在课堂上，我们关注的是学生在课堂上的参与和投入程度，追求的是学生在课堂上的思维容量和思维深度，向往的是学生乐观、积极、主动的学习姿态。因此，学生的学习收获、疑惑、期待都成为课堂上最宝贵的资源。

当今是一个信息技术迅猛发展的时代。我们鼓励并引导学生借助互联网技术先学、自学，倡导课堂翻转，主张先学后教、以学定教，转变的是学习的方式，收获的是学生的自主成长和发展。

（四）评价方式改革

教学评价是课程改革的一个瓶颈，改革评价方式是建设理想教育空间的有益补充，主要体现在单以考试成绩为标准的评价体系束缚着课程教学改革的深入推进。教育需要回归原点，教学评价亦应如此。一附小教育集团在"宽和问学"办学理念的引导下，建构以促进学生发展为根本的、指向核心素养的评价体系。

四、课程教学环境的优化与建构的成效与展望

为了顺应新一轮课程改革的追求，在"宽和问学"的办学理念以及新理念下，"问学课堂"的改革与建设能够帮助全体学生养成稳定的、终身发展所需要的素养，而培养学生良好的做人和做学品质正是教育的根本目的。围绕这个目的，近年来，我校在课程环境优化与建构的过程中，围绕学生学习成长的主体地位，充分考虑师生间"教"与"学"的辩证关系，以适合教师的"教"和学生的"学"为准则，空间环境逐步成为课程建设的一部分，成为学校教育的"生长点"，取得了一定的成效，同时也有了更多的展望。

1. 丰富的教学环境取代"纠错型"教学

在为师生"教"与"学"打造适合的课程教学环境的同时，我们也真实地体会到教育的过程就是师生双方积极互动、共同发展的过程，"教"与"学"的关系是相互依赖、相辅相成的。同时，丰富的、不同功能的教学环境才能满足学生多方面的发展需要，才能激发个体强烈的学习动机，产生较强的兴趣。近年来，我校在教育空间的打造上，物理环境与软环境建设齐头并进，为师生提供了多层次、全方位的教学环境，取代了以往教师为主导的"纠错型"教学。在校园中，学生在适合的环境中，主动地去建构、理解、探索和发现，掌握新知，学会学习；在同伴合作互助中，互相交往，学会尊重；在交流竞争中增强团队意识，学会主动分享。每一名学生都处于教学活动的中心，自主和谐地参与教学活动，教师作为咨询者、辅导者参与学生的学习历程。在我校，每一名学生都认识到，只有通过师生的共同努力，才能实现师生共同的课堂目标。从而在"教"与"学"的过程中形成学习共同体，也成为浸入师生血液的隐性校园文化。

2. 学生智能发展与培养人格相统一

好的教育是全面关注人的成长，在发展智能的同时，尤其重视学生健全人格的塑造，在这一点上，良好的课程教学环境有着无可取代的功能和作用。如今，教海中一直扬帆奋进的一附小人在教育空间的打造上取得了一定的成绩，教师因为这一份美好的空间享受着教育的幸福，我们的学生更是在这份空间的呵护下全面的成长。一附小人已清楚地认识到了优化和建构课程教学环境的重要意义，有了抓手和立足点，就应该紧紧把握。同时，我们也看到时代在发展，随着"宽和问学"办学理念的充盈，课程教学环境的优化与建构是一个永不停息的工程，作为一个系统工程，需要每一位一附小教育人通力合作，积极地参与进来，让教育的理想渐渐照进一附小这所美丽的校园！

学校改革项目的发展成效

一、顺应了"为未来而教"的时代思考

"学生是有血有肉的人,教育的目的是为了激发和引导他们的自我发展之路。"(怀特海)因此,我们对"为未来而教"有了新思考:教育应顺应时代需求,以学生为中心,努力培养学生的好奇心和"问学精神",引导他们积极、有主见地追求有意义的学习,通过自我学习、自我发展实现生命成长。

1. 彰显"问学课堂"的改革聚焦——适合学生生命成长的必然需求

"问学课堂"倡导"适性发展",旨在为学生能更好地适应未来学习与发展奠基。学生"问学",是学生"问"与"学"的一种综合能力,具体表现为学生在学习的整个过程中,能主动地发现、提出、探究问题,以及解决问题,同时也是学生自我学习、自我创新、自我超越与自我发展的综合表现。"问学课堂"是将问题作为整个课堂的生命主线,更强调学生"问学"而非教师"导问"。"问学课堂"也是教师的课堂,教师的发展永远离不开课堂,从理念到行动,从观望到实践,教师的课堂教学行为也从"传授知识"迈向了"问学共生"。

2. 体现"智慧教师"的行走姿态——适合学生素养养成的内在规律

在"问学课堂"的教学改革实践中,教师的教学是智慧的教学,以学生的"问学"为主导,辅以教师的点拨、释疑,两者相辅相成,互为作用,"问"是第一,也是"问学课堂"的"灵魂";"学"是根本,是形成素养的关键。"问学意识"和"创新精神"是"问学范式"的核心要素,而"创新精神"是"问学"的核心精神,也是发展学生核心素养的最核心要素。"问学课堂"从"研究教学"转向了"研究学生的学习",实现了从"教—学—问"向"问—学—教"的学习方式的转变,旨在培养学生的问题意识、创新精神,从

而发展学生的核心素养。

二、诠释了"素养发展"的内在要求

"核心素养"是学生成为他自己的最为关键的内涵特质，这就意味着课程教学要以核心素养为圆心来展开。"问学课堂"，以"问"为特征，以"学"为核心，以"活动"为载体，是启迪心智、怡然有趣、自然有法的课堂，最终指向学生核心素养的形成和发展。

1. 暗合"素养发展"的理解转向

"没有人能教会任何人任何东西。"（心理学家罗杰斯）所以，发展核心素养，靠的是学生自己的主动学习和深入思考而不是教师的"教"。离开学生的自主学习和深入思考，核心素养就会失去了依傍，变成了无源之水、无本之木。不教之教，要指向让学生会学，而"问学"正是学生会学的开始和起点。"问学课堂"不仅爱护学生的好奇心和求知欲，而且鼓励学生独立思考、自由探究、大胆创新，从而充分激发学生的问题意识和进取精神，通过关注学生个性差异和不同的学习需求，引导学生通过自主、合作、探究的学习方式，学会发现学习、合作学习、自主学习。

2. 引领"自主学习"的成长方式

指向核心素养的课堂教学，要求教师在课堂上的关注点应该从传统的关注知识点的落实转向关注核心素养的养成上来，要从只关注教师"教了什么"转向关注学生"学了什么"以及"学会了什么"，变"教"为"学"。在教学方式上，学校要立足学生学力的培养，强化学生的"学"，淡化教师的"教"，多采用启发式、讨论式、探究式、参与式的教学，努力为学生营造丰富多彩的课堂学习生活，让学生积极主动地学、富有创造地学、乐此不疲地学。同时，教师要善于启发引导，对学生的学习能够给予适时、适度的点拨，切实做到"道而弗牵，强而弗抑，开而弗达"，使学生在"和易以思"的状态中愉快学习，历练能力，砥砺智慧，形成素养。

三、呈现了"内涵发展"的操作模型

教育理论转化为教育实践，实现教育内涵的深层发展，应以课堂教学为中心，将新理念、新思路贯穿于教育实践的各个环节，实现各个教育环节的相互促进、相互融合。学校通过激发学生思维，强调和呵护学生的好奇心、求知欲,从而促进学生核心素养的形成,实现立德树人的目标,把握培养学生问学能力的关键,形成了一套系统的操作模型。

1. 营造校园"宽和问学"的文化氛围

研究表明,如果向学生传递的信息大多是服从和规定,学生更多的只能是被动的学习,学生与生俱来的问学能力就会逐渐减弱;而如果伴随学生成长的是互相尊重差异、相互交换信息和想法的宽和氛围,学生的学习将更加主动,问学能力逐渐增强,更善于提出、寻求以"如何""为什么"开头的问题。因此,"宽和问学"的文化氛围在全体一附小教师的酝酿中应运而生。"宽和"指向做人,"问学"指向做学。"宽和"是"问学"的前提和基础,"问学"是"宽和"的结果之一。在"宽和问学"的文化氛围中,把学生置于一种动态、开放、主动、多元的校园环境中,而这样的环境正是激发学生创新精神、提高学生问学能力及实践能力的重要条件。其次,"宽和问学"文化促进了学生生命意识的觉醒,让每一个个体都得以尊重,每一个个体都可以体面而大方地表达自己的见解。

2. 培养学生"以问促学"的学习技能

"问学"能力首先是一种语言使用习惯,即将语言作为一种工具来满足和推动好奇心,这种语言使用习惯不仅影响了学生的问学能力,同样也影响了学生的心智发展。在学校众多教师的实践探索中,逐渐形成了一套系统的"问学"语言技能,在充分强调学生可以用"是什么""有什么""怎么样""为什么"等疑问句提问外,还可以提出其他一系列的相关问题:"除了问题",如"这个题目除了这样理解,还可以怎么理解?";"比较问题",如"倒叙和正叙哪种写作方法在这篇文章中更加适合?";"可能问题",如"这样的现象有没有可能还有另一层意思?";"假如问题",如"假如实验这样操作,会是什么样的结果?"等。

"问学"能力更是一种思维习惯,"问学课堂"符合当下"深度学习"的特征,学生"以问促学"的有效发生,需要学生进行深入的思维,从而提出"关键问题",引导学习讨论的方向。因此,在教学实践中,坚持站在问题的核心处,让学生基于学科内容提出关键问题的思维能力培养是"问学课堂"的关键一环,如根据文体特点及内容提问:记叙文可根据文章题目、事件、主题、结构、描写、修辞、人物品质、文化等提问;说明文可根据说明对象的知识、文章结构、说明手法等提问。

四、收获了"改革转型"的校本实践

素养是慢慢养成的,"问学课堂"的教学转型呼唤学生视角、课程品质与校本表达。这就意味着我们要进行系统思考、哲学观照与顶层设计。3年多的"问学修行",聚焦学生核心素养的培育、教学方式的根本变革,初步实现了品质的跃迁与内涵的跨越,在问学路上找到了"自己句子"的校本实践。

(一)形成素养发展的"问学范式"

"学—教"和"教—学"是目前两种主要的课堂教学范式,"问学课堂"真正实现了课堂教学改革中教学关系的变革,不再囿于"教"与"学"关系顺序的转换,而是问中学,学中问。

(二)实施释放潜能的"开放性评价"

"开放性评价"打破了传统"一纸试卷定高下"的封闭性评价,评价方式由单一走向多元,由单学科走向学科整合,有个人独立承担,亦有小组合作,有必考与免考相结合,有固定内容与选择内容相结合,较好实现了由学业评价走向素养评价,促进了"问学精神"的形成。

1. "激励性"免考

针对学生对作文的惧怕心理,为着力提升学生的习作兴趣,我们实行了习作免考政策。学校规定一学期在市级及市级以上报刊发表2篇或以上的同学,期末习作免考,成绩为满分。如果没有发表过,但一学期如果能够主动写15篇以上的日记,也可以享受免考待遇,期末记为满分。这两项规定尤其是后一项,极大地提高了平时不喜欢写作的学生的积极性,让任何一名学生只要努力都能品尝到满分的喜悦,习作成为他们的最爱。其他如在校园英语节中表现突出的同学,期末英语口语可以免考。

2. "做学考"合一

为了解决学生的"哑巴"英语问题,期末英语考试形式多样,其中有一项定为:可以几人合作,自编自导,或是讲故事,或是辩论,或是演英语剧,学生很是喜欢,能够主动提前准备,口语能力自然得到大幅度提升。数学考试有一项为动手做,将思维过程化作实验操作,很受学生欢迎,提升了学生对数学的学习兴趣。

3. "自主性"选择

音乐学科考试结合庆"六一"进行,每个班举行"庆六一"一台戏。学生表演的节目即是考试内容，可以是单人表演，也可以是小组表演。导演、策划、主持人、舞台监督、舞美等都可以是考试的内容，这种考试形式和内容，让学生兴趣盎然。体育学科以体育节为平台，每名学生自主选择一项比赛项目。美术学科以年级画展和班级画展为平台，每名学生从"绘画、剪纸、手工"等十多种形式中选择一项自己擅长的参加展览，最终由学生评委团成员进行打分。

  "问学课堂"是我们基于学生生命成长的教学转型，是我们落实核心素养教育的理性抉择。"不能因为走得太远，而忘记了为什么出发"，我们会一直行走在适合学生"适性发展"的"问学"路上……

第四章

"问学课堂"的学科范式

　　好奇心、求知欲是小学生生命存在与表现的自然状态。在小学生的生活与学习中，他们对一切事物都充满了好奇，往往都要"问"为什么，而为了弄得明白、搞得清楚，便衍生了"学"的行为跟进。因此，学生的学习是由"问"到"学"自主建构知识的过程。于是，因"问"而"学"，以"问"启"学"，"学"以致"问"等学习形态便在循环发生、发展着，并逐渐内化形成学生核心素养发展所必备的一种关键能力。在此过程中，学生以问启学、学以致问、问学相长，形成一种自我学习的能力。在语文教学中，教师注重培养学生的问学意识、问学动力和问学能力，必将促进学生"问学"能力的挖掘与提升，让学生的语文学习真正发生。

语文课程范式建构与策略再造[①]

一、小学语文"问学课堂"基本范式

伴随着课堂教学改革的不断深入，以及先学后教、以学定教、优教导学等课堂教学方式的变革，学生的主体地位得到了前所未有的体现。然而，实际的情况并不乐观，课堂上学生能主动提问题的仍然不多，提出好问题的则少之又少，更不用说学生能带着问题离开课堂、走进生活了。袁振国曾说："中国衡量教育成功的标准是将有问题的学生教得没问题，所以学生年级越高，问题越少；而美国衡量教育的标准是将没问题的学生教得有问题，所以学生年级越高，越有创意，越会突发奇想。"实际上，中国早在两千多年前，孔子就提出："疑是思之始，学之端。"宋代朱熹也曾说过："读书无疑者，须教有疑，有疑者却要无疑，到这里方是长进。"可见，中国的教育家自古以来就重视疑、思、问、学。但是，在教学中更多是知其"意"，而不能导以"行"。明知学生对一切事物都有着强烈的好奇心和求知欲，但我们还是把对知识的理解一股脑儿地告诉学生，还强迫其必须记住。时间长了，学生的问题意识自然被削弱，甚至被磨平。总之，提出问题比回答问题更能启发学生的智慧。在小学阶段应该让学生不断地提出问题，思考问题。这样，学习的过程才会"因学而好问，因问而深学"。问学，即学生的学习，学生"问"与"学"的综合能力，表现为学生在学习的整个过程中能主动地发现、提出、探究问题，以及解决问题的综合能力，这是学生自我学习、自我创新、自我超越与自我发展的综

[①] 本节参考熊福建、江姝、陈红、王金涛、顾士伟、祁明艳领衔的语文团队"问学课堂"研究成果。

合表现。基于此,在积极倡导"问学课堂"的理念下,学校建构了小学语文"问学课堂"基本范式,如图1所示。

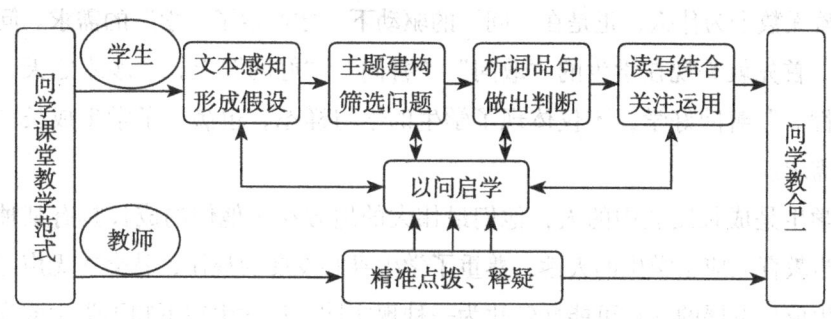

图1 小学语文"问学课堂"基本范式

小学语文"问学课堂"教学范式在具体实施过程中,要打破原有教学的顺序,由"教—学—问"转化为"学—问—教""问—学—教"。在问题驱动的课堂中,学习的主动权在学生的手中,学生因"学"而生"疑",因"疑"而去"问",因"问"而深"思",因"思"而再"学"。如此周而复始,最终让学生在学习中学会学习,从浅层学习不断走向深度学习,避免学生在"不思维"中走向平庸,最终促进学生语文素养的提升。

除此之外,小学语文"问学课堂"教学范式在实施过程中还应该遵循循序渐进、通俗易懂、启迪思维、全员参与等原则。

二、小学语文"问学课堂"破解学生学习难题的价值分析

"问"与"学"的过程即学生学习的过程。问学,契合学生发展的认知规律,有助于改变当下学生在生活中、课堂上"不敢问""不会问""不想问",以及"不会学""不想学"等现象。

1. 从"不敢问"到"敢问""善问",让学生成为他自己

在教学中,很多教师都忽视了学生学习的规律,对课堂上学生提出来的"五花八门"的问题往往持否定态度,总认为学生提出的很多问题都不着边际,对学习没有什么帮助,于是在很多时候就仍以"参考书"上面的问题,或者是自己研读文本之后所预设的问题来教学,从而掩盖或是代替了学生的问题,这是造成学生在课堂上"不敢问""不想问"的最直接原因。长此以往,以至于学生不敢"问"、不会"问"、无权"问","问"成了教师的一种特权。

小学生的学习不同于成人，成人是自己"学"得多，而主动"问"他人的少；但是小学生截然相反，他们"问"得多，尤其是对新事物、新知识总是充满着无数个为什么，正是在"问"的驱动下，才产生了"学"的需求。问学能力，首先就表现在学生的"敢问""善问""好问"上，"顺木之天，以致其性。"善问好学，不仅体现了学生的学习样态，也满足了学生成长与发展的需求。

学生是成长发展中的人，他们最伟大的地方在于他们的成长具有某种可能。当教育顺应了学生的天性，尊重了学生身心发展的规律，就会在无声之中将学生成长发展的这种可能性转化为一种现实性，让学生在不知不觉中成为他自己。小学语文课堂要给予学生"问"的时间和空间，教师要把"问"的权利还给学生，增强学生"敢问""善问"的意识，让学生的个性得以张扬，让学生的灵性得以生长，让学生真正成为他自己。

2. 从"被动学"到"乐学""会学"，让语文学习真正发生

虽然学习的方式一直在变革，但由于教师"教"的方式没有跟进，导致学生"被动学"的现象还时有发生，主要表现在教师课堂上预设的问题太多，一个接着一个，学生只有疲于"应答"，没有"发问"的机会。有时候即使可以问一问，也总是被教师一带而过，或是象征性地关注一下，然后仍回到之前预设好的问题上来，至于究竟学生最想知道什么，还有什么疑问，教师一概不谈，由此，极大地挫伤了学生学习的积极性和创造性。美国课程学家拉尔夫·泰勒曾说："学习是通过学生的主动行为而发生的，学生的学习取决于他自己做了什么，而不是教师做了什么。"这里强调的是教师要退位让学，要充分依靠学生这一学习主体的主动性，让学生快乐地"学"。苏格拉底认为："问题是接生婆，它能帮助新思想的诞生。"由此可见，只有学生的真问题才能点燃学生求知的欲望，促进学生"乐学""会学"。

"问"是思维的起点，真问题是思维的助推器。先问后学，学学，再问；问问，再学学……如此反复，其目的就在于让学生学会问问题，乐于问问题，并提出好的问题，围绕问题进行自主创新、合作探究。在这整个过程中，由"问"开始，充分激发学生主动学的欲望，"问"与"学"的学习动力就会持续发力，并作用于学生学习的可持续进行，这样好问乐学也就不是一件很难的事了。教学改革的目的是让学生学会学习，要改变学生的学习行为，既要改变以往以教师为中心的"知识点教学"为主导的教学范式，还要激发学生的好奇心和求知欲，帮助他们具备与保持旺盛的"问学"能力。

3. 从"问学合一"到"问学相长"，让生命学会创造

古人云："故君子尊德性而道问学，致广大而尽精微。"（《礼记·中庸》）"试将此酒反观我，胸中问学当日新"（罗大经《鹤林玉露》卷十六）所诠释的就是"问学合一"之道。语文课堂是学生智慧生长的地方，学生的创造性生长在"问"与"学"之间，生长在提出问题与解决问题之间。从"问学合一"到"问学相长"，既是预设，也有生成，在问学过程中，问题不断生成，学生的知识、情感、态度等不断得到提升，在解决问题的过程中，又必然产生新的问题，这样周而复始，促使学生学会适应这个瞬息万变的世界。

三、小学语文"问学课堂"的策略再造

（一）营造问学氛围，培养问学意识，鼓励学生"敢问""想学"

在教学中，教师要营造和谐轻松的问学氛围，为学生的问学意识提供良好的生成环境，鼓励学生"敢问""想学"。

1. 学贵有疑，鼓励学生"敢问"

（1）"问什么"——问源、问流、问法。"学贵有疑"，只要问题源于学生的思考，无论学生问什么，教师都要给予充分的肯定，从而激励学生多问。一要问源，就是要有刨根问底的意识，追求知识的本源，例如：本课所学重点在哪？我最大困惑在哪？等等；二要问流，在学习过程中，不断思考和追问，勾连新旧知识的联系，例如：对于所学内容我理解了吗？我又有新的发现了吗？等等；三要问法，学习同伴提问的方法，反思自己的学习方法，例如：我同意他的思考吗？我这样回答正确吗？等等。

（2）"向谁问"——问同伴、问师长、问专家……"三人行，必有我师焉"，要启发学生遇到并解决问题，要养成随时随地被人请教的习惯，让学生认识到只要能给以启发，无论是谁都可以成为教师，可以问同伴、问师长、问专家，甚至可以问教材、问自己、问网络、问社会……营造问学氛围，鼓励学生不拘方式地问。

（3）"何时问"——课前问、课中问、课后问。"不懂就问"，学生问学，可以在课前问，在预习的基础上，带着问题进课堂与教师、同学共同探讨；可以在课中问，对所学内容提出质疑，并带着问题潜心探究，并与教师、同伴一起分享；可以在课后问，由所学知识产生新的问题，在课后不断探究，

开启新的学习。

2. 由疑而学，鼓励学生"想学"

（1）"学什么"——所疑即所学。由"问"到"学"，学生有什么疑惑，就学习什么，学习自然发生。学习文本、学习过程、学习方法中有可疑之处，学生都可学习。总之，教师要打通语文课堂与生活的联系，让学习成为学生的日常生活，成为一种生活的享受。

（2）"怎么学"——自学与互学。学生是学习的主体，要通过实践和训练，习得知识和本领。对于个人的小疑惑，要放手让学生自学自悟，对于自己不能解决的问题，可以依靠小组讨论解决，而对于全班的共性问题，则要组织一定的教学活动，让全体学生进行探究式学习，解除疑惑，获得新知。

（3）"评价学"——及时而多元。对于学生"问学"的评价要做到及时而多元，从多角度去评价学生。不仅要评价学生的学习结果，更要评价其学习习惯、学习态度、学习表现等，从而调动学生的积极情绪，激发学生的自信。教师可以捕捉学生问学中的一个闪光点，及时称赞，甚至可以组织一个简单的仪式，让学生产生一定的兴奋记忆，达到激励效果，促使学生"想学"。

（二）创设问学情境，激发问学动力，引导学生"善问""会学"

语文学习是一种探索实践，也是一个求知过程。教师要给予学生一定的方法指导，引导学生"善问""会学"，让学生感受到学习的快乐，也更好地激发自身的问学动力。

1. 创设问题情境，引导学生"善问"

（1）启发引导，寻找"问"的节点。其文本教材文字优美，蕴意深刻，具有一定教学价值和审美意义。要启发和引导学生，把握"问"的节点，提高问题的针对性，引导学生可以抓住课题、主题发问。例如，在教学《桃花心木》一课时，教师创设问题情境，抓住"我越来越感到奇怪"这一关键句，激发学生提出质疑的欲望："同学们，你们也感到奇怪吗？是否有什么问题要问种树人？"由此，"一石激起千层浪"，学生提出了"种树人，请问你为什么不每天都来浇水？是想偷懒吗""种树人，你为什么每次浇水的量不确定""种树人，难道树苗枯萎了，你不心疼吗"等诸多问题。

（2）循序渐进，提升"问"的层次。学生"问"的能力可以分为三个层次：第一层次是有问题的意识，无论从何种角度出发，敢于提出自己的问题；第二层次是所提问题具有针对性，能体现一定的教学目标，较好地展现自己的思考过程；第三层次是会梳理、甄别、筛选问题，能和教师一起参与教学目标设计，从而确定一个引领课堂阅读的"主问题"。教师要循序渐进地培养学生"问"的能力，提升"问"的层次。随着"问学能力"的培养，学生所提问题会更有针对性，也会更有深度。对于如何将所提问题，经过师生讨论筛选出"主问题"，促进学生的阅读学习，见下文《理想的风筝》教学片段。

（3）对比提升，精准"问"的表述。学生的"会问"不仅体现在能针对不懂的问题发问，还体现在表述问题的具体准确上，切忌一味地简单使用"为什么""怎么样"来发问，最好能表述出发现问题的思维过程。而这需要比较和反思，在向同伴学习和反思自我的过程中进行训练。经过一段时间的训练，学生已经能提出一些具有一定思维含量的问题。例如，在教学《少年王冕》一课时，有学生问："这篇文章简短，但写了王冕12年的生活经历，给我们留下了深刻的印象，作者是怎样做到的？"

2. 丰富学习活动，引导学生"会学"

（1）游戏活动式学习。学生是天生的游戏者。在语文"问学课堂"中，教师要开展充满学生情趣的游戏活动，将课堂学习的内容巧妙地转化为学生的一种游戏活动，让学生学会快乐学习、快乐成长。例如，在教学《烟台的海》一课时，一名学生提出问题：同学们，你最喜欢哪个季节的海？说说理由。借由这个问题教师组织开展游戏活动，让学生按照"喜欢哪个季节的海就分成一组，比比哪个季节的海最有魅力"的规则来自由分组活动，学生的学习积极性被调动，分别用朗读、说感悟、当小导游等形式来展现不同季节的烟台的海的魅力，让学习生动而高效。

（2）开放式学习。生活有多广阔，语文学习就有多广阔。"问学"中的学习就是向着学生的生活、学生的心灵打开的，以问促学，学中有问，新的问题不断拓展学习的外延。如在学习《林冲棒打洪教头》一文后，一名学生对林冲的武器——棒很感兴趣，提出了"在《水浒传》一百零八个好汉中，还有使用棒的好汉吗"这一问题。借此，将学习引向课外，以武器和武艺为主题的《水浒传》阅读开始了。

（3）合作探究式学习。学习的过程是一个探索未知的过程，"问学"的过程是一个不断尝试和发现的探索活动。教师要鼓励小组学习、组间交流、合作交流，从而实现知识的主动建构。例如，在教学《晏子使楚》一课时，对于"晏子凭什么赢得楚王的尊重"这一问题，先小组内研究，很多小组认为是因为晏子勇敢和口才好，但也有学生质疑："即使晏子再勇敢，口才再好，楚王都可杀之而后快，为何会有所忌惮呢？"于是小组间互动合作，再次合作走进文本，找到"不得不""春秋末期，齐国和楚国都是大国"等关键语句，探究明白强大的国家实力才是一个外交家赢得尊重的真正原因。

（三）关注问学主体，提高问学能力，促进学生"问学合一"

"问学课堂"培养的最高目标是培养学生具有"问学合一"的能力。教学中，教师要关注学生这一学习主体，以问启学，并根据教学现场学生的学习情况，点拨追问，以达到以问致学的目的，最后充分挖掘学生的潜力，以问延学，最终达到"问学相长"的目标。下面笔者就《理想的风筝》一课的教学，来谈谈如何促进学生的"问学合一"。

1. 开启学生的思维，以问启学

在充分感知课文的基础上，我把提问的权利交给学生。他们提出了许多有价值的问题，涉及文本内容、文本表达和文章主旨等方面。如：文章展现了一个怎样的刘老师？第4、5自然段的最后一句分别说明了什么，有什么作用？第4、5自然段的细节描写有什么作用？开头的环境描写有什么作用？本文是一篇写人的文章，却为何要用"理想的风筝"做题目？等等。

对于这么多问题，教师可先启发学生在小组内互学，将能解决的问题由小组内解决，而对于需要探究的问题，让学生梳理、甄别、选择、取舍，共同确定一个"主问题"，作为"深层次课堂活动的引爆点、牵引机和黏合剂"。在教学中，我启发孩子："同学们没解决的问题更多的是关于文章的写法。这很好，六年级的我们已经由关注文章内容到关注文章的表达方法了。你关注的是作者的什么写法？"这样，学生开始聚焦细节描写，最终提出了一个"主问题"：作者是通过哪些细节的描写，给我们展现了刘老师的生命顽强和热爱生活？作者又是怎样描写这些细节的？这个"主问题"既关注了文本写了什么，更关注文本怎么写，兼顾了内容和形式，充分挖掘了文章的教学价值，用这个"主问题"开启学生"学"的思维，解决学生关于"文章的表达形式"的诸多问题，而这个问题的深入研讨，有关"文章主旨"的问题，也会迎刃而解。

2. 启迪学生的智慧，学以致问

教学片段一：

师：孩子们，刚才的自学和小组合作学习，你一定很有收获吧？你在学习中关注了怎样的细节？作者又是怎样描写这个细节的呢？

生：我关注到"刘老师在讲到女娲补天造人的传说时，笑着对我们说"这句话中的"笑"字，这个"笑"字，让我感觉到刘老师对腿疾并不在意，也让我们体会到刘老师对生活的热爱。这正是抓住了刘老师的神态描写和语言描写。

师：说得非常好，特别是你这种抓住关键词体会的读书方法很好，一个"笑"字把刘老师的积极乐观、热爱生活全部表达出来了。

生：我发现"笑声""酸涩""尊敬"写出了同学们的情感变化，可以看出这些同学是很懂事的，是热爱刘老师的。

师：这种热爱之情，作者用一个字就表达出来了，是哪个字？

生：我觉得是"泛"字，一开始学生还沉浸在幽默的故事中，可一想到刘老师的腿疾，那种酸涩的感觉就从心里慢慢升腾。

师：不错，这个字的表达效果大家都体会出来了。

"主问题"确定后，要引导学生自主合作探究地"学"。以上片段中师生、生生的交流，始终围绕着表达方法这一"主问题"进行，这样的教学，是用"问"来引领"学"，是用"学"来解答"问"，真正做到了"学以致问"。学生的智慧在"问"与"学"之间生长，加之教师的点拨追问，让学生实现集中的、深层次的思维碰撞，从而获得智慧的启迪。

3. 激发学生的潜能，以问延学

教学片段二：

师：孩子们，今天我们通过"问学"，不仅认识了一个顽强乐观的刘老师，还明白了作者写作的奥秘——睹物思人、夹叙夹议、细节描写。相信此刻，你一定会想起一个人，那让我们来学学苏叔阳，来构思如何写自己印象深刻的人。

（出示：①看到（听到）了_____，我就想到了_____；②一想起_____，一个个难忘的画面便浮现在眼前：_____；③想起那些往事，有许多细节难以忘怀：_____。）

（学生根据提纲快速构思。）

师：谁愿意把记忆中印象深刻的人与大家一起分享呢？

（学生朗读写作片段。）

师：今天的课就上到这里，同学们，你们还有其他问题吗？欢迎大家提出新的问题。

"问"和"学"的过程是个周而复始、螺旋式上升的过程，旨在激发学生的潜能，通过"问题"可进行相关联的内容的迁移和拓展，把学生的课堂学习延伸到课外，达到以问延学的目的。这个教学片段，是教师充分依托学生的"问"——"作者是怎样描写人物的"，在"学"得文章写法后，进行的写法上的拓展迁移。最后，教师又鼓励学生提出新的问题，从而达到问学合一、问学相长的效果。

总之，语文教学中只有让学生自由地"问"、快乐地"学"，语文学习才能真实发生。教育者要在学生学习的各种学科、各项学习活动中，挖掘和培养学生的"问学能力"，让学生真正成为自由、幸福、发展的人。

四、小学语文"问学课堂"案例分析

问学也是一种学习的策略，体现了学生学习的整个过程，落实到具体的课堂教学中，并不需要教师教给学生些什么，教师只要为他们创造一个宽松的"问学"环境，来激发他们对未知的好奇心和求知欲，让他们时刻保持拥有强烈的"问学"动力和"问学"欲望，从而习得终生受用的"学问"。那么，如何实践与培养这种"学问"？下面以苏教版小学语文六年级下册第22课《理想的风筝》教学实践为例说明。

（一）以问启学，抓住关键问题，开启学生的思维

"学贵有疑"，学生的疑问是打开学习的一扇窗。课堂教学就是要为学生创造一个"我有问题要问"的活跃氛围，把提问的主动权交给学生，让他们去直面文本，直面生活，发现问题，提出问题，并尝试自己去解决一些问题。这些问题可能会涉及很多方面，如：刘老师是一位怎样的老师？刘老师身体有残疾为什么还那么开心？我为什么就只记住了刘老师，其他老师为什么记不住？课文的环境描写有什么作用？课文为什么用"理想的风筝"作为题目呢？敞开问，是放；聚焦学，是收。如何收放自如，抓住关键问题展开深入学习，是"以问启学"的关键。对此，我们要充分发挥小组的组内研讨作用，将能解决的问题在小组内解决，解决不了的问题再拿到课堂上集体交流，并与学生一起进行梳理、甄别、选择、取舍，最终聚焦关键问题，提炼组织语言，形成共识——"作者是怎样通过细节描写，来表现刘老师的生命顽强和热爱生活的"，这是本课教学的关键问题，不仅关注课文写了什么，还关注课文怎么写，渗透其中的就是对刘老师的怀念与敬仰。而随着这个问题的发散，上面

所提到的学生的诸多问题也将自然融入其中，并将在处理关键问题的过程中得以解决。课堂上教师借用关键问题去打开学生"学"的思维，学生不仅针对不懂的地方要敢问，还要会问，而且问的语言表达要精准、生动。因为"关键问题"的提出，能让所有听到问题的人得到更多信息，从而引导讨论的方向。为此，在教学中不能一味地简单使用"为什么""怎么样"来发问，还要兼顾语言表达的精准与思维深度，凸显"关键问题"的关键所在。教学中，这个方面更需要我们加强训练，坚持运用和拓展这些方法，并不断地在发问、追问的过程中强化，这是对"学"的不断跟进，更是使自己的"问学"能力得到最大限度的发挥，在自我反思中寻找和建构自己的"话语体系"，形成自己的"问学"风格。

（二）以学致问，引入深度学习，释放学生的潜能

所疑即所学。有什么疑惑，就学习什么，这是学习。但学得程度如何，学到了什么东西，可以进行适度的追问，追问的跟进主体可以是教师，也可以是学生，这样，深度学习便能自然发生，笔者在教学《理想的风筝》一课时，学生对"笑""泛"等词语的理解过程便是例证。开始，学生对"刘老师在讲到女娲补天造人的传说时，笑着对我们说……"一句中的"笑"的理解仅仅局限在"一个'笑'字把刘老师积极乐观、热爱生活全部表达出来了"，这样的理解很笼统，没有深入下去。但是随着教师的追问，以及其他学生的跟进——我发现"笑声""酸涩""尊敬"写出了同学们的情感变化，可以看出这些同学是很懂事的，是热爱刘老师的。在众多学生的问题碰撞后，最后落在了"泛"字——"我觉得是'泛'字，一开始学生还沉浸在幽默的故事中，可一想到刘老师的腿疾，那种酸涩的感觉就从心里慢慢升腾……"由上述案例可见，抓住关键词来体会细节描写的作用，这是学习、内化语言最好的方法。同时我们可以发现，由"笑"到"泛"的过程深入，得益于教师的"适度追问"，但这里的"追问"并非另辟蹊径，而是基于学生彼此"已学"的基础，通过"问学"去互相碰撞思维，充分释放各自的生命潜能，用"问"来引领"学"，用"学"来解答"问"，"问"与"学"，相得益彰。整个过程既展现了细节描写的内容，也折射刘老师的顽强意志和热爱生活的品质。问学是智慧，也是品质，"以学致问"的关键是要洞察学生在课堂上"学得怎样"，是否聚焦"关键问题"。当然这过程也必然包含着学生自己的个性化的问题和课堂上即时生成的有价值的问题，期间，细节的处理则体现教师的精准追问的

智慧，也是引导学生从"自然学习状态"向"深度学习状态"发展的关键转折点，所以，我们倡导教师要同样具有"问学"的能力，以及"问学"的智慧与品质。

（三）以问延学，拓展课程内容，丰富学生的世界

大问，有大学；小问，则小学。没有"问"就很难有"学"的质变，以问延学，问与学，有起点，没有终点。语文的外延与生活的外延是相等的，同样，"问学"的外延与学习的外延也是一致的。为此，"问学"还应该向着学生的生活世界和精神世界打开。例如，在教学《理想的风筝》一课时，教师在课的结尾通过课件补充了一段关于作者苏叔阳的资料，学生在充分阅读这些资料之后，尤其当了解到苏叔阳曾因病两次闯过"鬼门关"，还那么的乐观自信——"不管我多么衰弱，只要生命的烛火还在烧着，我就会走，哪怕是爬行，也还在这路上挣扎"（引自《苏叔阳文选》序）时，内心无比的震撼，在品读的过程中自然与文中的刘老师建立了关联，脑海中瞬间便会有很多的问题生发出来，如作者苏叔阳的经历和刘老师的经历怎么如此相似？难道苏叔阳写刘老师的经历也是在写自己吗？苏叔阳为什么要写刘老师，而不直接写自己呢？关于刘老师和苏叔阳还有哪些感人的故事呢？……可以这样说，这些问题已经潜移默化地在学生的心中生成。此时，当再抛出"读了这段文字，你们对'理想'又有怎么样的理解"这一问题后，学生的回答也就瞬间建立起了彼此之间的联系——"我觉得他就是在文中写的'燕子'风筝，'燕子'风筝虽然没有'蜈蚣'大，但照样可以飞在天上。就像苏叔阳这样，哪怕是爬行，也还在路上挣扎。""我的理解是，刘老师和苏叔阳同样坚强，因为苏叔阳的境遇更悲惨。""苏叔阳拥有和他的老师一样的毅力，就是这种毅力支撑他在艰苦的生活路上一步一步'爬行'。"课堂上有如此的感悟，相信随着课后阅读的深入，学生的感悟会更加深刻、丰富，因为更多在内心生成的问题，将伴随着课程内容的外延拓展而逐渐敞亮。尽管这里更多是教师的"问"在起作用，但所触发的是学生的"问"与"学"的不断深入，这是方法的引领，也是思维的发散，带着问题走出课堂，去问学生活、问学社会，尤其是《苏叔阳文选》资料的呈现必然会激活学生课外"问学苏叔阳"的情感冲动，学生强烈的好奇心和求知欲也必将在"问学苏叔阳"语文综合实践活动中得以满足。所以，"以问延学"的目的很简单，就是要帮助每一名学生都能养成"问学"的习惯与能力，而不是一味地往学生的脑子里灌输。"问学"的延续，也促进相关课程内

容不断丰满，以及学生世界不断丰富。学生问学能力的提升与发展，为他们更好地适应这个世界的发展同样奠定了坚实的基础。学生具有了问学社会、问学世界的综合能力，也就具备了适应当下生存的能力，这一点也符合发展学生核心素养的应然诉求。

数学课程范式建构与策略再造[①]

一、小学数学"问学课堂"基本范式

学,一定需要教吗?教,一定导致学吗?

学,不一定需要教;教,也不一定导致学。

传统的数学课堂教学倾向于思想结论的知识教学,而实际上教师应当更多地关注与培养学生的"问题意识""数学思维"。学生的数学思维是具体的、动态的、生成的,思维心理学告诉我们:"思维从问题开始。学生的学习过程实际上就是一个不断提出与解决问题的过程。"其实,历代教育家都非常重视"问"在学习中的作用。孔子主张"每事问""不耻下问";宋代大教育家朱熹认为:一切知识来源于"问",整个教学就是一个激"疑"、质"疑"、解"疑"以至无"疑"的过程;清代大教育家王夫之也认为:教育应围绕问题而展开。孔子的教学方法是"学生问",苏格拉底的教学方法是"问学生",虽然二者问的主体不同,但是都强调了"问"的重要性。教育真正的目的就是让人不断提出问题、思考问题。学问学问,即在"问学",没有"问"就没有真思维、真学习,更不会有新发展。

学习不是单一的听讲,而是整体性、多样态的学习。小学数学"问学课堂"的教学范式是以建构主义理论为指导,是建立在以"问"为支架的学习方式,也是一种变革范式,指向学生的深度学习以及关键能力的形成。小学数学"问学课堂"基本范式如图1所示。

[①] 本节参考刘国文、秦静、李至艳领衔的数学团队研究成果。

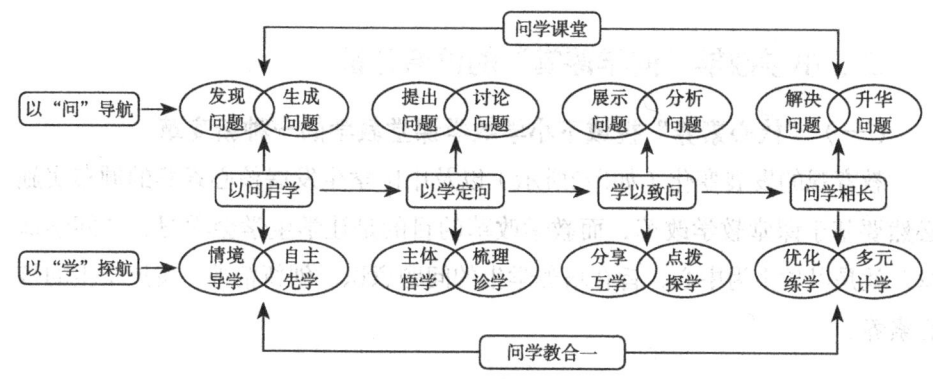

图1 小学数学"问学课堂"基本范式

教学改革的目的是让学生学会学习,小学数学"问学课堂"有别于以往的"教师讲授"所关注的"系统知识"的串讲传授、"教师导学"所侧重的"知识点"问答讲解,以教师为中心、以"系统知识"或"知识点"学习为中心的教学。小学数学"问学课堂"基本范式是以"发展学生素养"为导向的"问学范式","两条主线"——以"问"导航、以"学"探航相互融合,"四个环节"——以问启学、以学定问、学以致问、问学相长循环交替,从而让"问学"引领思维、引领需要、引领创造。其中,四个环节都是围绕"问"与"学"展开,以学生的"问学"为主导,辅以教师释疑、精准点拨。而且,每个环节既可以独立存在,也可以交叉进行,当然更多是这四个环节的层层推进与螺旋上升,从而达成"问学教合一"的目的。

小学数学"问学课堂"要引导学生提出具有个性化、开放性、启发性、创造性等特征的优质问题,注重学生思维能力的培养,引导他们提出问题、探究问题、解决问题,最终促进素养的提升。在具体实施过程中要关注问学意识、问学动力、问学能力三个要素:问学意识是指学习主体自觉、自愿地去问学,在学习中表现为"敢问""想学";问学动力是指驱使学习主体"问"和"学"的各种动力,由此"问学"才真正发生,在学习中表现为"善问""会学";问学能力是指学习主体"问"和"学"的综合能力,即创造性地去"问学",善于将知识转化成生命所需要的物质和精神能量,在学习中表现为"问学合一""问学相长"。

二、小学数学"问学课堂"的价值分析

(一)"核心素养"视域下小学数学课堂教学的一种新变革

教育观的发展变化(如图2所示)以及中国学生发展核心素养的颁布实施必然要基于课堂教学改革,而教学改革的目的是让学生学会学习,"问学课堂"就是以学生为中心,旨在培养学生的问题意识、创新精神,发展学生的核心素养。

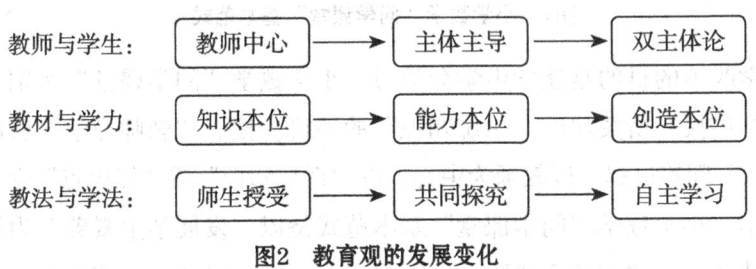

图2 教育观的发展变化

"学—教"和"教—学"是目前两种主要的课堂教学范式,"问学课堂"真正打破课堂教学改革中教学关系的变革,不再囿于教与学关系顺序的转换,而是让"问"与"学"发生在每一名学生身上,其中"学"随"问"而展开,"教"则着眼于"学"而予以精准的点拨与释疑,实现由传统的"教→学→问"串讲传授向"问⟷学⟷教"循环交互式的学习方式的转变,最终让学生的学习实现真正的发展。

(二)真正体现了学生数学学习的主体性和主动性

笔者梳理了当前的一些小学数学课堂改革(如图3所示),可以看出数学课堂改革的三个基本点:一是学习在本质上应是学生自己的事情;二是"问"是"思"的外在表征,所以数学学习就是要从问(问题)和学(学习)出发学会数学的思维;三是学习的境界不在于知识的累加,而在于学习者的自我完善、超越与创造。小学数学"问学课堂"从"问"与"学"两个方面更好地落实了三个基本点,无论是提问还是求解,它的主体必然是学生自己,因为提问和求解本身包含着自主性,本质上区别于被动接受。问的展开、问的深入、问的循环,恰恰是学生学习主体性、主动性的不断凸显与升华。

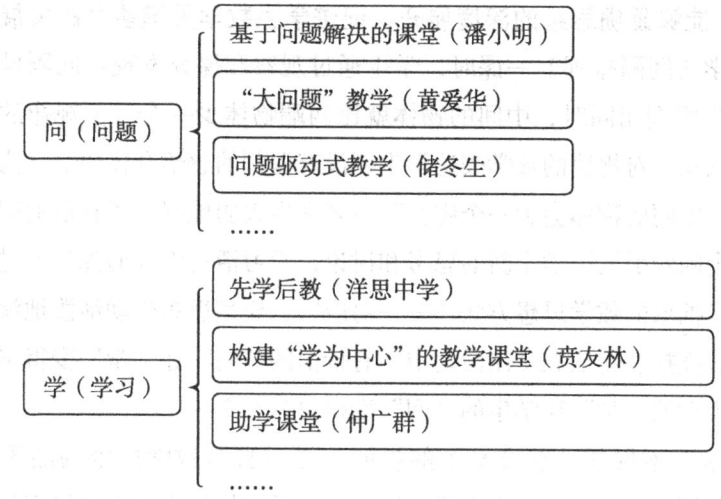

图3 当前相关的小学数学课堂改革

（三）有利于培养问题意识和探究问题能力

就"问学"而言，自然是一个包含着发现问题、提出问题、分析问题、解决问题的过程，是把课堂改革的着力点、聚焦点投注在学科核心素养——思维发展上；"问"和"学"互为起点、互动循环，因"问"而激发"学"，显示其学习的需求，也因为"学"而激发"问"，引导学生产生更多、更大的疑问，课堂教学表现出从"问"到"学"、从"学"到"问"的螺旋上升过程，有利于培养学生的问题意识和提高探究问题的能力，从而实现学生的思维发展、知识建构与能力养成。

在教学《积的奇偶性》一课时，课始，教师首先出示一道题：计算下面各题，并说一说它们的和是奇数还是偶数：1+2、1+2+3、1+2+3+4、1+2+3+4+5、1+2+3+4+5+6，学生很轻松地报出了答案。这时，教师继续出示：1+2+3+4+5+6+……99，学生一时不能做出准确判断。

教师因势利导：从刚才的判断中，你有什么想法？

生1：判断几个数相加的和是奇数还是偶数时，很容易判断，但是如果是很多数相加，不容易算出结果时，那该怎么判断呢？

生2：根据这一组加法算式，凭直觉，我感觉和的奇偶性应该和加法算式中的加数有关，我想我们应该探索一下它们之间可能存在什么样的关系。

研究的"问题"由教师给出变成学生自己提出，学生自己的"问题"更容易激活他们自我探究的意愿，数学学习自然地从"被动接受"走向"主动求索"。

（四）能够砥砺思维的深度展开，促进学生数学关键能力的发展

在教学《间隔排列》一课时，学生通过观察和探究发现：间隔排列的两个物体，当两端相同时，中间的物体就比两端物体少一个。但规律的发现只是直观的认知，对规律的数学表达学生还没有深刻的感悟和体验。"为什么两端相同时，中间的物体会少一个呢？"一名学生大胆地提出了自己的问题。紧接着，这个问题引发了学生新的思考和讨论，学习活动继续向深度推进。在这一过程中，抽象的数学思想方法"一一对应"，模型思想生动活泼地渗透在学生的分析、概括、对话和交流活动中。有价值的"问"让"学"变得丰富而深刻，真实生动的"学"让学生的"问"变得更有意义。

"问学"不仅是一般意义上的提问，更一直是数学思维的品质，是质疑、思考、探究，也是学生在多样、开放、多元的情境中自主地发现问题、探究问题和解决问题。这样的"问学"意识会慢慢沉淀为学生的一种思维方式和数学素养。数学教学的主要任务，不仅仅是传授知识，还需要洞察教学过程中的各种情况，激励学生发现和提出问题，引导学生自主探究，获得丰富的情感体验，直接指向学生数学关键能力的发展。

（五）更好地激发学生学习数学的兴趣和动力

学生有了疑问、困惑、疑难的时候才是真正学习的开始，在课堂的具体表现是提问，提问既是自我态度的表达，又是向对方发出请求，是敞亮自我与邀请他人的统一，而解决问题的需要则是学生学习的内在兴趣和动力。

三、小学数学"问学课堂"的策略再造

谈起"问学"的实践，可以想到一些著名的论述："发明千千万，起点是一问。"（陶行知）"提出一个问题比解决一个问题更重要。因为解决问题也许仅仅是一个数学上或实验上的技能而已，而提出新的问题、新的可能性，从新的角度去看新的问题，却需要创造性的想象力。"（爱因斯坦）这些都需要我们在小学数学"问学课堂"实践中基于学生立场，直面学生的"问"，关注学生的"问"，不呵斥、不打断、不敷衍、不指责。"水本无华相荡而生涟漪，石本无火相击而生灵光。"（泰戈尔）师生、生生之间"我与你"的平等对话能够让学生跳出各种束缚，从自身思维定式、思维囚笼中解放出来，教师要逐渐熔炼，形成"四两拨千斤"的引导策略、智慧，善于把握时机，促进师生和生生之间智慧、从容的理答与交流。

（一）究竟引导学生问什么

小学数学"问学课堂"要引导学生在自主探学、分享互学、优化练学中"问源"——追问知识诞生之源（是什么？从哪里来）、"问流"——追问知识生长之流（为什么？到哪里去）、"问法"——追问知识背后之法（怎样解决）。

（二）怎样引导学生提出问题

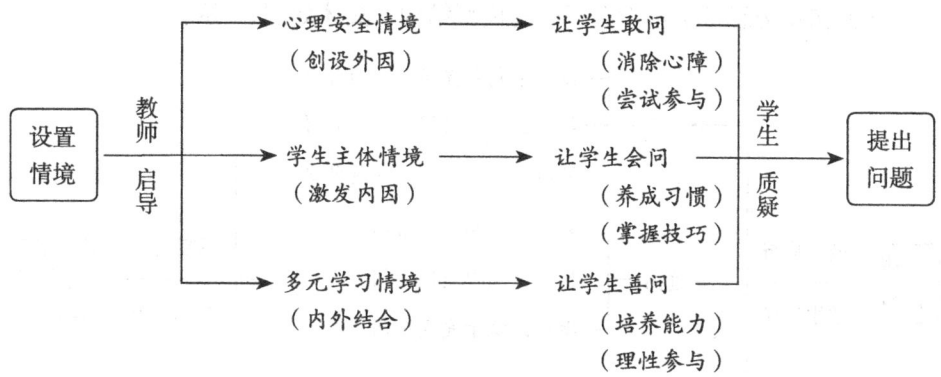

图4　学生提出问题的模型结构

如图4所示，我们在研究的基础上初步提出了让学生敢问、会问、善问的模型结构。一是创设学生心理安全情境，让学生敢问。教师要改变"一言堂"的现象，营造宽松的学习氛围和开放的提问时空，给学生充分的思维和自我表现的时间和空间，引导学生在思维的撞击中产生主动提出问题的欲望。二是创设学生主体情境，让学生会问。教师要精心设计问题情境，唤醒学生主体意识，培养学生在启发、生活、体验、冲突、活动中的质疑能力。三是创设多元学习情境，让学生善问。由于学习经验不足，学生仅靠胆量和兴趣，有时还发现不了实质性问题，关键还需教师引导学生在独立思考、合作探究中去发现、提出较为深层次的问题。

（三）如何培养学生会问

小学数学"问学课堂"实施的关键是通过有意识的引导和培养，养成学生提问的习惯，帮助学生掌握提问的技巧，使学生会问。因此，我们在数学课堂中提出"三个允许、三个鼓舞、三个意识"：

三个允许——允许学生有不同的看法；允许学生出错；允许学生与他人（同学、教师）争辩。

三个鼓舞——鼓舞学生的积极参与；鼓舞学生的大胆发言；鼓舞学生的勇敢质疑。

三个意识——学会提问，发展学生发现和提出问题的意愿和能力是学习的重要目标；因问而学，真正的学习从学生发现和提出问题开始，不断产生问题也成为学习的动力；问学交融，一方面，学生在不断的发现、提出、分析、解决问题中学习、应用和发展所学的知识、方法，另一方面，学生在学习过程中不断发现和提出问题。

我们初步构想了学生学会提问的模型结构，具体如图5所示：

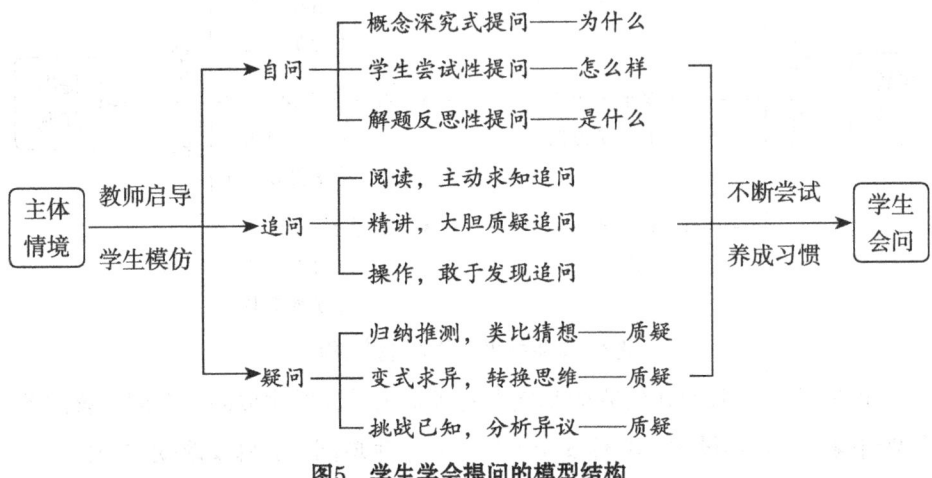

图5 学生学会提问的模型结构

在"问学课堂"中，"问"和"学"是相辅相成、同构共生的。"问"是学的发端，只有学生敢"问"、会"问"，才能展开自主、有效的"学"；"学"是"问"的积极践行，只有学生主动地"学"、快乐地"学"，才能更好地促进"问"的发生。"问学"互促、"问学"相融，"问学课堂"引导学生向着数学思想更深处漫溯。

四、小学数学"问学课堂"实践案例分析

学生应该成为数学课堂学习活动的"信息源"。只有让学生成为"问"的主体，才能真正激发学生数学学习的积极性、主动性和创造性，才能构建真实而自由的数学"问学课堂"。

（一）从理念上改变，让"师问"于"生问"，唤醒学生的问题意识

1. 把"问"权利真正还给学生

在荷兰的"现实数学教育"课程设计与教学中，特别强调学生根据自己的知识建构和自由思考提出问题。数学课堂只有坚持为学生创设"问"的情

境，提供"问"的机会，让学生自由深入地问，才能改变学生习惯于思考教师问题的习惯，唤醒自己的学习自觉。

例如：学生学习了《平行四边形的面积》后，笔者设计了这样的一个教学情境：给每个小组一个可以活动的平行四边形让学生把它变形为长方形，再从长方形变形为平行四边形。学生活动过后，笔者提出要求：从刚才的活动中，你能提出哪些数学问题？

生1：老师为什么要让我们做这个活动？

生2：平行四边形的面积和变形后的长方形的面积有什么关系？

生3：平行四边形变形为长方形，什么变了，什么没变？

生4：刚才我们小组的同学说，周长没变，但面积变了，我不理解为什么？

生5：为什么把平行四边形拉成长方形，面积会变小呢？

……

我们发现，如果教师真的把"问"的权利完全还给学生的时候，他们不仅敢"问"，而且能在各自的"问题"中获得启发和思考，提出逼近数学本质的问题，唤起学生的探究自觉，促进学生对数学本质的理解和建构。

2. 指导学生评价同学提出的问题

郑毓信教授说："与解决问题的能力一样，学生提出问题的能力也不可能自然而然地形成，而必然地有一个后天养成的过程，教师更应在这一过程中发挥重要的指导作用。"对于小学生而言，首先是能开阔思维，树立问题意识，所以，教师的指导不是表现在评判学生的问题是否有价值，而是指导学生互相评价大家提出的问题，在评价与选择中形成问题的价值标准。

例如：在教学《解决问题的策略》一课时，笔者提出："王大叔用22根1米长的木条围成一个长方形花圃。"笔者给出以上信息后，鼓励学生提出数学问题。

问题1：围出的长方形的面积是多少？

问题2：怎样围面积最大？

问题3：长方形的长和宽分别是多少？

问题4：一共有多少种不同的围法？

问题5：围法有很多，用什么方法才能把所有的情况都考虑到？

师：同学们针对给出的信息提出了5个问题，现在大家讨论一下，你最喜欢哪一个问题，请说出你的理由。

生1：我喜欢问题2，问题2需要我们去研究所有的可能性，更具有思考性。
生2：我也喜欢问题2，问题2指出了思考的方向，要想到所有可能的方法。
生3：问题5也很好，它能启发同学们去思考如何把所有的围法都找出来。
生4：我也喜欢问题5。
师：大家讲得很有道理，根据大家的分析，如果让大家从这5个问题中选择两个问题来作为本节课的研究任务，你会选择哪两个？
学生异口同声地说：问题2和问题5。

在以上的讨论和交流中，学生已经潜移默化地建立了"好问题"的标准，以后再提问题时，他们便会潜移默化地按照"好问题"的价值标准来提出问题。

（二）从课堂上构建，变"导学"于"问学"，催生学生的学习自觉

1. 基于"教学内容"而问，将学习任务变为学生自己的问题

问题是推动学生思维发展的关键，也是进行数学教学的载体。"问学课堂"将问题作为整个课堂的生命主线，更强调学生的"问学"。教学中，教师首先要给予学生充分的思考时间，围绕教学内容而问，努力将学习任务变为学生渴望进一步探究的问题。

例如：在教学《分数的初步认识》一课时，在学生初读课题后，教师给出充足的时间让学生提出问题，并在学生提出的雏形问题的基础上，引导学生对大家提出的问题进行梳理：为什么会有分数？分数是什么样的数？分数有什么用？分数与以前学过的数有什么不同？显然，经过梳理后的问题已经涵盖了分数的产生、意义、作用，并沟通了数学与生活、新知和旧知之间的联系。学生对问题的思考就是对所学内容有一个基本的认知架构和整体把握。这样，学生的课堂学习活动就从"教师引导"走向"问题驱动"，促进学生走进有深度的学习研究之中。

2. 基于"数学理解"而问，鼓励学生在探究活动中展开质疑

著名数学教育家波利亚认为："学习任何知识的最佳途径，都是由自己去发现、探究，因为这种理解最深刻，也最容易掌握其中的内在规律、性质和联系。"学生在问题的驱动下展开对数学问题的探究，我们要充分地让学生经历知识形成的过程，引导学生进行试验、观察、分析、抽象和概括，鼓励学生为理解数学内涵而不断提出自己的质疑，推动探究活动不断向更深层次发展。

例如：在教学《间隔排列》一课时，笔者组织学生进行了三个层次的学习活动。

第一层次：自由探究，初步感知

我首先让学生把正方形和圆形这两种图形一个隔着一个摆一摆，动手操作唤醒学生的已有认知。接着，组织学生交流，生活中，你在哪里还见过这样的排列？通过师生共同的对话，引出"间隔排列"问题，进而引导学生提出问题："这样的间隔排列有什么规律？"学生围绕小兔乐园情境展开探究活动。

师：通过观察和研究，同学们有什么发现？

生1：夹子比手帕多1个。

生2：兔子比蘑菇多1个。

生3：树桩比篱笆多1个。

生4：两个物体像这样一个隔着一个排列，只要两边一样，两边的物体就比夹在中间的物体多1个。

第二层次：引导质疑，深入探究

师：大家都非常善于观察和发现，那你们有没有什么问题呢？

生5：我是数出来的，为什么只要两边一样，两边的物体就比夹在中间的物体多1个？

师：这个问题问得好！针对这个问题，我们需要进一步讨论研究。

第三层次：理解本质，构建模型

深入的研究交流，让学生真正理解间隔排列规律的本质内涵：两种物体的个数是一一对应的，只有最后一个物体没有物体和它相对应，所以总是多出一个。

接着，让学生把自己发现的规律图形或符号表示出来，帮助学生进一步建构间隔排列的数学表征和内涵。

找规律的过程，是一个不断有"发现"的过程，是一个将学生已有的模糊认识打开、审视、分析的过程，是一个让学生内心不断感受"原来如此"的过程。我们只有不断激发学生去思考、质疑、探究，才能促进学生对规律的表象认知走向内涵理解。

3. 基于"回顾反思"而问，让学生数学思考的视野更加开阔

苏教版小学数学教材在"问题解决"或"综合实践"这两部分的教学内容后面常常有这样的教学环节：回顾解决问题的过程，你有什么体会？或者回顾探索与发现的过程，说说你的体会。显然，学生及时回顾、整理自己所经历数学学习过程，是数学学习一个必不可少的环节。学生在回顾、整理的过程中，能够深化对知识的理解和感悟，突出对数学思想方法的运用和感悟，从而进一步开阔自身数学思考的视野，提出新的数学问题。

例如，在教学《多边形的内角和》一课时，教师引导学生首先研究四边形的内角和，针对学生的不同方法，组织学生评价哪一种方法更方便下面的研究。在此基础上启发学生用分成若干个三角形的方法探究五边形、六边形、七边形、八边形的内角和。各个学习小组通过自主探索活动以及对话交流发现：n 边形的内角和 $=(n-2)\times180°$。在回顾整理活动过程中，他们进一步认识到：从简单的问题开始，再进一步进行有序的思考，是研究复杂问题的有效方法。解决问题的过程中要善于把新的问题转化成能够解决的问题。进而，有学生提出：凹多边形的内角和又应该怎样求呢？它们的内角和有没有类似的规律呢？

回顾与反思，有利于学生对学习过程的整体再认，促进学生更加深入理解学习的过程。此时，学生思考的视野会更加开阔，从而能够提出更有探索性、拓展性的问题。因而，回顾反思应该成为数学教学的一个重要的环节，以帮助学生逐步积累提出问题、解决问题的经验，感悟数学思想方法的内涵，不断发展学生的数学素养。

五、怀想"问学课堂"，创生自然和谐的数学教学生态

"问学"理念下的数学课堂，倡导更加民主、平等、和谐、开放的教学生态环境，更加注重创设自然、自由、宽松、愉悦的课堂学习氛围。在教学的过程中，顺应学生的天性，呵护他们的思想，宽容他们的错误，激励学生在自由的心境中自主探究，大胆表达自己的见解、想法、观点和困惑。教学的立场真正从"教师"走向"学生"，将"原本教师想问的问题"变成"促使学生质疑问难"的过程。当学生的心灵和精神真正走向自由，他们就会变得更加敏锐和聪慧；当学生经常带着自己的问题直面数学学习，他们就能主动承担起学习的责任；当"问学"成为学生数学学习的重要方式，他们就能更好地面对未来的发展；当学生的数学精神和品质得到了滋养，才是对当下"核心素养"理念的生动诠释。

所以，我们追寻的"问学"不仅仅是一般意义上的提问，而是思维品质和创造精神的塑造，它是为了"人"的发展而进行的富有意义的教学实践改革和探索。从这一角度来看，驱动学生"核心素养"发展的不是教师，也不是"问题"，而应该是学生自己。

英语课程范式建构与策略再造[①]

一、小学英语"问学课堂"基本范式

《义务教育英语课程标准(2011年版)》(以下简称《课程标准》)指出:"基础教育阶段英语课程的目标是以学生语言技能、语言知识、情感态度、学习策略和文化意识的发展为基础,培养学生英语综合语言运用能力。"那么,怎样才能培养学生的综合语言运用能力呢?其实,"说出来"是英语学习的第一道坎;"用起来"是英语学习的第二道坎……要过"说""用"这两道坎,语言的训练与情感的培养尤为重要。教师只有借助基于"问"的学习能力的培养,才会实现英语的真"学"。英语作为一门语言,体现了工具性和人文性的统一。打造小学英语"问学课堂",使学生有探问英语的意识,从"说不出、不会说"转变为"如何问、怎么学",使得原本静悄悄的课堂充满情趣与文化。因循语块教学之迹,我校构建了小学英语基于语块的任务型"问学课堂"范式,如图1所示。

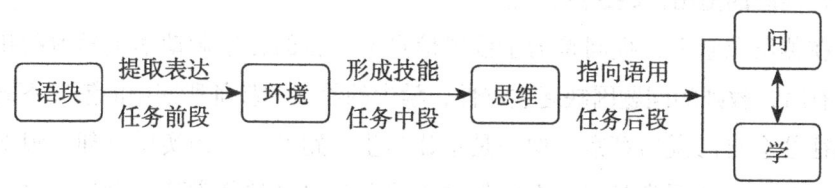

图1 小学英语基于语块的任务型"问学课堂"范式

建构基于语块的任务型"问学课堂"范式,其意义是深远的。之所以强

---

① 本节参考郭有吉、张晓英、张未领衔的英语团队的"问学课堂"研究成果。

调"任务型",是基于对语块的语用性而言,名词性、动词性语块和具体场所、时间等语块,都可以直接指向具体的疑问句式,通过任务达成,体现问学过程。它最根本的特点就是"以任务为驱动、以语块为主线、以环境为保障、以思维为引导",从而建构可操作的小学英语课堂"问学"范式。整个教学范式分三个任务阶段来进行,以促成"问学课堂"。

一是任务前段:自主活动阶段。教师介绍主题和分配任务,明确任务的目标和结果,将学生分组,根据单元主题,自主准备语块材料。可采用Chant,Guessing game,Match等形式呈现、练习具体语块,倡导游戏式学习。

二是任务中段:展示提取阶段。学生以小组为单位,进行分工合作,做好展示准备。教师宣布任务主题,小组进行展示,以不同的方式(图片、表演等)呈现主题语块,共同讨论主题语所涉及的问题。

三是任务后段:练习深化阶段。教师对完成任务情况进行评估,呈现问句,引导学生拓展对应语块,形成主题,建构完整的问答方式。其后,教师设置作业,内容包括口语表达与书面表达,通过完成任务,促使学生达成问学目标。

二、当前小学英语课堂存在的问题

(一)"问题"设计存在的问题分析

在小学英语阅读教学课堂提问中,由于问题设计存在一定的问题而导致"三多三少"的现状,即一问一答多,独立思考少;尖子生回答多,中下游学生回答少;直接给答案多,分析过程少。

1. 问题的提出,缺乏主体性

在英语课堂上,提问是为了设置信息沟,目的在于调动学生学习的积极性。有时,教师的问题因缺乏主体性,学生的答案和教师所期望的答案不同,教师往往会自己说出答案,似乎是不让学生"跑题",但实质上却是浪费了宝贵的40分钟的课堂时间;有的教师在课前为自己的教学环节设计了过多的问题,在仅有的40分钟里,为了赶时间,很多教师往往就会被自己的问题牵着走,而学生为了应付教师"排击炮"式的提问,回答中出现"答非所问"的现象也就不足为怪了。

2. 问题的设计,缺乏探究性

在一节英语课中,很多教师为了完成自己的教学目标,教师提出的问题过于浅显、单一，学生几乎可以不经思考就脱口而出，问题缺乏探究性，使得学生的思维仍停留在低级、单一的水平，不利于学生发散性思维的发展。因此，教师提问设计应该在学生现有逻辑思维的基础上，换换角度，换换说法，创造适当的信息沟，培养学生兴趣，发展学生智力。

3. 问题的解答，缺乏引导性

有些教师在课堂上始终保持一种高高在上的身份，把听学生回答问题当成是在施舍一样，无论学生的回答有多精彩，几乎不给予任何评价，或者仅仅是教师自己评价。长此下去，那些不发言的学生就不会注意倾听发言者的回答，不举手，不思考，发言学生的积极性也将会渐渐受挫。

4. 问题设置太难，缺乏趣味性

学生的思维过程往往是从问题开始的，问题的设计不能太简单，太简单便达不到教学目标；但是也不能太难，如果高出了学生的认知，那么就很难调动学生的阅读积极性。比如，教师在学生对文章表层理解的基础上，就要求学生能根据教师的问题复述课文，那么，学生就需要整理和整合大量已经学得的知识，并运用自己的语言，难度很高，大部分同学都敬而远之，不敢尝试。再比如，碰到有些问题本身比较长，出现的生词又多，对基础较差的孩子，连问题都不明白是什么意思，他们又该如何回答？

（二）师生互动存在的问题分析

通过对当前课堂教学行为的观察发现：英语教学的弊病主要表现在学生在课堂没有问题或者所提的问题没有价值、没有深度，忽视了为何而问、为谁而问！由此，学生的学习陷入了糟糕的境地。

1. 没有问题的课堂，学生"鸦雀无声"

在常态英语课堂教学中，往往存在没有"问"的现象。这表现在两个方面：其一，对于文本的理解还是以教师讲授为主，没有设置设疑导学环节，过多强调先学后教、教后汇报，而不注重以问促学的现场情境创设；其二，学生在学前、学后没有问题，由于语言的障碍，对于文本理解的深度有限，大部分学生根本提不出问题。

2. 浮于文本的问题，教师"自导自演"

课件是教学现代化亮丽的风景线，特别是PPT的辅助教学成为英语课堂教学的惯用手段，且不说媒体的使用会占据学生过多的自主学习时间，在其形式上也使得教学程序化。在展示课教学中，文本教学往往以问题呈现，引领学生理解，但就像"走马灯"：首先呈现四个问题，然后学生带着问题听一听、学一学、画一画、读一读。这样做无情地扼杀了学生自主产生问题的机会，学生的学习陷入了"不理解—理解—不理解"的怪圈。

3. 忽略人性的提问，师生"波澜不惊"

文本只是范例，深入挖掘文本内涵，让学生感悟语言之外的内容，如"文化""人情""规则""习惯"等内容。在新授环节中，教师提问多为预设性问题，而无生成性问题。客观性问题太多而缺失开放性、主观性问题，不善于追问，更难见直指人心的"智问"与"慧问"，英语学习工具性不足，人文性更加欠缺。

三、小学英语"问学课堂"的价值分析

《课程标准》指出"义务教育阶段的英语课程具有工具性和人文性双重性质。就工具性而言，英语课程承担着培养学生基本英语素养和发展学生思维能力的任务；就人文性而言，英语课程承担着提高学生综合人文素养的任务。工具性与人文性统一的英语课程有利于为学生的终身发展奠定基础。"建构基于语块的问题意识与学习能力培养的"问学课堂"，其目标与《课程标准》要求深度契合。

1. 有效融合语法与情境，体现语言学习的本真

传统的教学往往将语法和词汇分离开，而语块教学将二者紧密结合起来。不仅如此，以语块为基础的"问学课堂"会更好地融合情境，将语块本身具有的语境切入问题情境。这反映了语言学习的本真，体现了学习的本质。

2. 合理设置方法与情感，追求语言学习的情趣

语块的整体存储和提取有利于减轻交流中的认知负荷，可以绕过整个语法生成过程，节省思考和表达的时间，这为情感注入提供了时空。语块具有丰富的人文性，语块组合更能表现出学习者的情感特征，方法与情感的合理设置引发学习的兴趣点，从而达成学习效果。

3. 优化知识与文化链接，提升学生生命的质量

语块融合了语义、语法、情境与文化等诸多因素，以语块为基础的问学，关注知识仅为第一层面，它是人文素质提升的基础。更为重要的是，其优化了语块作为媒介的知识与文化的链接，促进了学生综合素养的形成，提升了其未来的生活质量。

四、小学英语"问学课堂"的策略再造

（一）小学英语"问学课堂"的有效问题设计应遵循的原则

提问的本质是要提高学习者的意识，教师在教学时应该注意以下几个问题：

1. 问题设计需要"保底"

备课时应尽可能对学生的回答和反应进行预测。基于自己所要提出的问题，应考虑到所提问题涉及的概念会给学生带来怎样的障碍；你希望从学生那里得到什么样的回答；从学生那里会得到什么样的回答；如果学生的回答不恰当应如何处理，有的学生拒绝回答又该怎么办。教师只有对所预设的问题进行充分的问前预测和准备，才能保证问题的有效性，才能保证课堂教学的顺利进行。

2. 问题设计需要"保质"

高品质的教师话语能起到课堂话语应有的作用与功效，得到学生积极的响应，取得预期的教学效果。同样，提出的问题是否能够引起学生对所学内容的兴趣？学生是否能通过回答问题学到知识？难度适当吗？学生是否具备回答该问题的词汇量？采用发散性问题可以调动学生的积极性，同时也可以培养学生的思维能力，当学生的回答不得当、不完整时，教师应继续提问，通过暗示等手段帮助学生做出正确的答复；当学生回答正确时，教师也应在其回答的基础上进一步提问，使问题逐步深入，激发学生讨论，促进学生参与。

3. 问题设计需要"保量"

课堂上，教师的话语并不是多多益善，也不是越少越好，而是要讲究恰当的量。教师与学生之间话轮转化的频度体现了师生交流的交互性，教学中教师会倾向于和班里的某些学生交流，形成所谓的"行为区域"，导致另一部分学生被忽视、冷落。学生的智力、知识水平有高有低，接受能力、反应速度有快有慢，所以要按学生的不同程度安排问题。一般来说，教师所提问题的语言应该简单、清楚，运用学生所熟悉的词汇问题应该具体一些，不可以太笼统。

4. 问题设计需要"保度"

高质量、合理的教师话语还要以恰当的度表达出来，即要把握好教师话语的度。具体地讲，教师话语的度要恰当把握什么时候说、什么时候不说、以什么方式说以及说多少的问题。比如，对于学生话语中的语言错误也不能逢错

必纠，而要注意处理好学生回答的准确性与流利性的关系，否则必然会挫伤学生用英语表达的积极性和自信心。

问题设计作为阅读教学的一个聚焦点，在小学英语语篇教学中有着举足轻重的作用。恰当得体、精巧的问题能把学生引入问题情境，有效地激发学生的阅读兴趣，帮助他们形成有效的阅读策略，从而提高学生的表达能力、交际能力和思维能力。

（二）小学英语"问学课堂"的有效问题设计的策略

1. 导入阅读时的提问要让学生有感知

由于英语是作为第二语言来学习的，教师往往在课的伊始先安排一些Warming-up（热身）活动，通常是看图说话、猜谜游戏、观看录像、歌曲或歌谣引入等方式，进行有效的预热，这是对即将要学习的课文内容的一种概括，也是一种潜在的文化背景知识。通常，教师设计一些与语篇主题相关的问题，通过问答形式来激活学生的背景知识和相关经验，扫除影响学生理解语篇的部分语言障碍，为学生顺利阅读做好铺垫。同时，教师还要引导学生根据图片或话题预测语篇的主要内容和可能用到的词汇，激活学生的思维，做到简单、有趣，从而引领学生积极地从生活走进文本。

（1）切入型问题。问题切入是英语教学过程中运用最广泛、操作最简单的一种导入法。它是指教师从学生原有知识和生活经验出发，紧扣话题，通过提问帮助学生建立起语篇文本与以往经验、知识之间的联系，迅速自然地导入语篇话题，从而激发学生的阅读兴趣。例如，每节课的"Free Talk"环节中一般是针对前面学过的知识的反馈与交流，形式通常是教师问、学生答。随着学生英语能力的逐步提高，在教学实践中这个环节的第一个话轮（一问一答）由教师提出，然后由学生根据主题，联想所学过的内容进行交谈。如：What day is it today?学生回答It's Monday. 根据这个问题，学生可能会想到谈论星期：How many days are there in a week? What are they? What day is the first day of a week? Do you like Monday? 等；他们也可能联想到学习：What lessons do we have this morning/ this afternoon /today/tomorrow/on Tuesday...? How many lessons are there? What subjects do you like? Why? 等；或者说说日常生活：What do you usually do on Monday? How do you spend your weekends? Do you have any hobbies? How about your friend/ your family...? 等。不管学生谈到哪个话题，语法是否正确，只要参与了，就是一种能力的展现，这就值得教师给予他们赞赏的言辞与表情。

（2）埋伏型问题。埋伏型问题是教师针对学生理解语篇语言点而设置的问题，其目的不仅是寻求问题的答案，更是利用问题对这些语言点进行适当的铺垫，从而减轻学生在阅读过程中的认知压力，保证阅读教学的整体性、连贯性和逻辑性。例如，在教学牛津小学英语6A Unit 6《Holidays》Part A前，语篇中的生词favourite是学生理解的难点，教师可在热身环节先利用问题What's your favorite food/animal/colour...? 与学生亲切交谈，再自然过渡到问题What's your favourite holiday? What other holidays do you know? 的讨论。学生在问题的讨论中不仅理解了生词favourite的含义，而且激活并丰富了学生原有的、有关语篇话题的知识储备，为语篇阅读做好了心理上的准备。

（3）观察型问题。观察型问题是教师引导学生观察语篇插图、标题后提出的问题，旨在激活学生思维，发挥学生想象力，推测语篇大意，为语篇教学的展开做好铺垫。例如在教学牛津小学英语5A Unit 7《A camping trip》Part A前，可利用课文多媒体课件（文中插图）导入语篇话题后，提出这样一个问题：What do they need for the camping trip? Can you guess? 此时，学生思维活跃，围绕问题热烈讨论，大胆推测，学生丰富的想象涉及语篇中的许多语言点。这种基于语篇话题的观察型提问，培养了学生观察、想象、推断和探究能力，激发了学生的求知欲，极大地提高了课堂教学效率。

2. 阅读中各个环节中的提问要让学生有体验

阅读中设计问题要理清思路，理解语篇教学的主体，也是英语语篇教学的核心环节，其主要任务是通过阅读了解文本大意，理清文本思路，从而获取文本的具体信息或细节性信息。这一过程中，教师可以根据篇章结构，或是语言各层次之间的关系、句法、词汇等设计一些带有整体性、层次性、梯度性的问题，引导学生自主阅读，从而帮助学生由表及里、由易到难、由浅入深、循序渐进地解读语篇，探究语篇的意义。

（1）泛读时问题激趣。在课文的整体呈现环节，让学生带着几个概述性问题，通过自由朗读课文或听录音，领略内容大意，回答问题。既有助于理解课文的大概内容，又有助于培养学生自主学习的能力；既培养其快速捕捉关键信息的能力，同时产生的正确答案使其增强了阅读的自信心，不断激发学生阅读的兴趣。例如，在教学牛津小学英语5B Unit 4《An English friend》一课时，某教师先出示本课主要人物Wang Bing，然后说："Wang Bing has an English friend. He is Tom. What do you know about him?" 并要求学生带着这个问题听课文对话找出正确的答案。事实上，这是一个比较大的问题，课文中分别谈论了Tom的住址、学习科目和兴趣爱好，学生初次听录音，不可能全面捕捉到关键信息，更不可能完整地用语言描述下来，在交流此问题时势必冷场，师生无法互动。而另一教师的做法就显得相当巧妙，她在放录音前先出示一张表格，如表1所示。

表1　Wang Bing's friend

Wang Bing's friend	Tom（　　）	Jim（　　）	
Address（地址）	London（　　）	A small town（　　）	
Subjects	Chinese（　　） Science（　　）	English（　　） Art（　　）	Maths（　　）
Hobbies	Playing basketball（　　）	Playing football（　　）	Swimming（　　）

然后让学生边听录音边打钩，接着师生共同讨论：Who is Wang Bing's friend? 问题的难度降低，学生目标明确，有的放矢，学生很快就了解课文大意，从而达到初读课文的目的。

（2）精读时问题深思。精读语篇时的问题要求学生在整体感知语篇的基础上，教师根据自己的教学思路，紧紧抓住语篇的主线而设计的一些主干性问题，这些问题的设计是帮助学生理清语篇脉络的关键，是学生全面、深入理解语篇内容的前提。这些问题要层次分明、逻辑性强，要引起学生的深思，注重学生的认知发展过程，从而有力地撑起语篇的"骨架"，使得整个语篇主干分明，全文的语言与情感有了向心力，许多貌似零碎的信息被这些问题串联在一起，帮助学生理清了理解语篇的思路，提升了记忆语篇的效果。以牛津小学英语5A Unit 7《After school》为例，为顺利地进入课文的学习可以设计两个问题：What's the time? What is Gao Shan doing? 引领学生精读前言部分。紧接着又问：Where can Gao Shan find Wang Bing? Where is Gao Shan going? 引导学生进入第二段的阅读。根据故事的发展，接着问：Who meets Gao Shan ? Where is she going? Does Gao Shan go to the playground at last? 让他们带着问题阅读第三段找答案，最后得出结论：What do you think of Gao Shan? He is very helpful. 这八个问题的设计基本包括了整篇文章涉及的人物和故事情节。通过由浅入深的问题设计，带动学生逐步分析和理解，使学生掌握知识，让学生的思维在问题的坡度上步步升高，最终达到"能自己跳起来摘到果子"的理想境界。

（3）熟读时问题细致。由于小学英语语篇内容大都简单，思想情感也比较浅显，所以许多教师往往只注重整体性问题和主干性问题的设计，忽略了熟读时细节型问题的设计，导致设计的问题粗枝大叶，从而使得语篇的理解浅层化。细节型问题是教师根据语篇中的一些细小而关键的字、词、句提出的一些关键性、隐蔽性的问题（如以what, who, when, why, how等提出的问题），旨在培养学生静心阅读，捕捉文本的细节信息的能力，引领学生正确掌握语篇内容，从而达到全面、透彻地理解语篇的目的。学生在细读语篇后，教学的重点应放在练习、巩固和拓展语篇中的语言点和知识点上。在这一阶段，教师设计的问题应内化语言，完成从汲取知识到发展能力的过渡，如通过讨论、复述、总结等活动，发展学生的思维能力和综合运用语言的能力。如在学习了牛津小学英语6B Unit 5《The seasons》后可以设计以下问题：

① We know the seasons in New York. Can you use a word to describe the seasons in New York?（这是一个分析水平的问题，培养了学生分析、比较、概括的能力。）

② Can you retell the seasons in New York? (Practice in pairs) For example: Spring is a beautiful season in New York. It's often rains there. It's ... / Summer is ... as hot as ... /Autumn is ... / It's ... / People like to ... / Winter is ... / It's ...（这是一个综合水平的问题，它不是对课文的简单、机械重复，而是创造性地再现已学课文内容。这一训练培养了学生的理解能力和口头运用语言的能力。）

③ Can you write down the seasons in our hometown? Please have a try.（这同样是一个综合水平的问题，让本课所学句型成为学生写作的语言支撑，联系生活，学以致用。）

3. 阅读后的拓展提问要让学生有参与

读后拓展活动是整个语篇阅读教学的升华阶段。教师在学生摄取语篇主要内容知识的基础上，针对语篇整体和细节两个层面，不仅要设计一些回忆型、理解型问题来检测评估阅读的质量，还要深入挖掘文本内涵，设计一些评价型、生成型、思维型、创新型、探究型等一系列开放性问题，将学生的思维引向高级阶段，训练学生综合概括和进行独立思考的能力，完成从知识汲取到能力发展的过渡，将语篇教学与文本价值的提升融为一体。例如，在学习了牛津小学英语6B Unit 5《The seasons》后，教师可呈现几幅云南遭遇特大干旱的图片，设计这样的问题：It is cloudy in Yunnan today. I hope it will be rainy tomorrow. If it really be rainy tomorrow, what are the farmers in Yunnan going to do? 同时呈现一般将来时的语法结构"be going to do",帮助学生用"They are going to ..."来回答。

(三)小学英语"问学课堂"基于语块教学的践行策略

1. 寻迹语块感悟与应用之路,形成问学技能

(1) 识记指向语块的疑问句式。二语习得模式的研究证实了语块是学生学习语言的基本记忆单位,如起始年级学生在学习"How are you?"时,总是把三个词与问号当作一个不可分割的整体,在问句与答句之间寻求对应。教师要引领学生学习指向语块的疑问句式,首先要对同类语块进行归类,其次要建构与之对应的疑问句式,如五年级下册Unit 5《Helping our parents》出现了很多家务劳动类语块,通过文本学习与拓展,学生进一步拓展同类语块。此后,教师通过PPT图文并茂地设置不同语境,如Ben在家为父母做什么?Ben正在为父母做什么?基于本类语块的不同语法(一般现在时与现在进行时),学生有效地生成两个问题:What does Ben do for his parents? What is Ben doing for his parents?

(2) 创设适合提问的语块情境。语块表达一定的语境,教授这类语块的行之有效的方法是创设真实的情境。在同一类和相关语块的学习基础上,借助语块语境,激发学生的提问技能。例如,学生喜欢模仿和表演,就将语块意义与学生扮演的各类角色进行转换与同化,引出共同的问句和同类语块,促进问学能力的形成。在五年级下册Unit 4《Seeing the doctor》Cartoon time教学中,教师可根据看病情景创设情境,让学生轮流表演。通过同类语块及其问句,培养学生的问题意识,促进问学能力的形成,具体如下所示:

Doctor:What's wrong with you?

Patient 1:My hand hurts. What should I do?

Doctor:OH, What a pity! Please take some medicine and have a rest.

Doctor:What's wrong with you?

Patient 2:My ear hurts. What should I do?

Doctor:OH, What a pity! Please take some medicine and have a rest.

……

(3) 深化形成问题的语块思维。根据同类语块指向同一问句模式的特性,学生可以借助对语块的识别寻找问句,反向操作,也可通过问句模式归纳同类语块。这不仅保证了语块识别的信度和效度,还大大地提高了学生对语块的识别能力和敏感度，强化了语言内化机制，形成了基于语块的问学思维。如在五年级下册《Asking the way》教学中，学习交通方式类语块时，让学生汇总同类语块，如by bus, by car, by taxi, by metro, by plane, by ship, by bike等。然后呈现图片与语块，让学生练习How do you go to the ...？并作答。而在六年级下册《I have a dream》教学中，教师则利用问句What's your dream? 来不断地拓展职业类语块和活动类语块，学生通过回答I want to be/ do ... 进行有效拓展。整个学习过程下来，学生对语块的辨识能力和语境匹配关系的敏感程度不断增强，而语块习得能力也必然得到相应的提高。从问到答，以答引问，这一过程不断深化了学生基于语块的问学思维。

2. 涵润语言，敞亮生命，实现从语块输入到问题产出的"真学习"

（1）浸润基于语块的情趣性"问学"之境。语块具有丰富的情感性、趣味性，可以激发小学生的好奇心与想象力。在"问学课堂"的建构中，要充分抓住语块本身所具有的情趣性，在情境中训练学生由语块向问题转换，提升"问学"能力，实现主题表达。从语块习得到话题的提出，需要经历呈现、转变、插入、反复、结束等情境化过程，浸润于情境中，学生方可形成约定俗成的会话规则。在译林版小学英语的Cartoon time中，涉及很多情趣盎然的内容，而以语块形式体现尤为明显，要利用好这些语块，调动学生参与语言活动的积极性，强化表演色彩。通过模仿、演绎与内化实现语言能力的提升，如五年级下册Unit 8《Birthdays》Cartoon time教学中出现了start fighting（开始战斗），go away（滚），What a play（什么演出）等语块，教师指导学生重读甚至夸张地表达这些语块，从语块插入、句式变化、人物轮替到表演重组，激发学生的语言创造性，培养主题表达的能力。语块包含了大量的历史文化知识，每单元的Culture time板块教学中体现得更为充分。如五年级下册Unit 7《Chinese festival》Culture time中介绍了Halloween，呈现的语块有on 31st of October, dress up, knock on people's door, trick or treat等。因此，要对教材中所含语块进行深入的分析和探究，了解其背后所蕴含的文化与情趣，让学生浸润于情趣性的"问学"之境。

（2）打造基于语块的语用性"问学"课程。语块本身具有语用功能，学生掌握一定量的语块，在具体交际场合可根据需要从记忆中提取，从而形成语用能力。建构基于语块教学的"问学课堂"，仅靠课堂教学是远远不够的，需要构建系列化的课程文化，促进学生语用能力的发展。丰富多样的课程资源对英语学习尤其重要，英语课程应根据教和学的需求，提供贴近学生、贴近生活、贴近时代的英语学习资源。创造性地开发和利用现实生活中鲜活的英语学习资源，积极利用音像、广播、电视、书报杂志、网络信息等，拓展学生学习和运用英语的渠道。

　　基于语块的语用性"问学课程"的目标紧紧围绕《课程标准》设置。三至四年级的课程目标以培养学生的好奇心，感受基础英语信息为主，通过游戏化教学和丰富多彩的绘本阅读实现；五至六年级的课程目标为训练学生基于语块的英语表达能力，学生通过完成预设教学任务和编故事进行主题交流来实现。兼顾课内外多样化的任务形式和考查形式使学生获得大量的语言输入与输出的机会，有利于调动学生的积极性和主动性，激发学生的创新意识，萌发创新动机，培养创新能力，从而提高学生的语言实践能力，打造语用性"问学课程"。语块教学法源起于国外，21世纪在大学英语教学中研究较为广泛，在中小学尤其是小学中运用与研究较少，所以在小学英语教学中，教师应结合语块教学探索学生学习能力的培养。总之，英语作为一门语言，体现了工具性与人文性的和谐统一，语块包涵语义、语法、情境、文化等因素，在从语言知识到语言能力转化的教学中有着独特的意义。

其他学科"问学课堂"研究

科学之问学共生:让科学启蒙教育沁润童心[①]
——小学科学中"问学能力"现象的分析与实践建构

儿童时期的科学启蒙教育,以及由此确立的科学态度和科学精神将对儿童一生科学素质的形成、身心成长具有决定性的作用。而学生由"问"到"学"是科学学习的第一步,让学生自主提出问题、研究问题;由"学"到"问",是学生在已有知识的基础上进行深入的思考,因而产生问题;"问""学"相长,让学生的知识与能力螺旋上升,最终让学生形成自主学习的能力——问学能力。

一、基于"问学能力"的调查与发现

为了了解学生的问学能力情况,笔者针对本区65位科学教师和我校268名学生进行问卷调查和访谈。65张教师问卷收取有效问卷63张,268张学生问卷(调查对象随机从二至六年级学生中抽取,每年级抽一个班)收回有效问卷262张。通过统计,可以了解到学生有关"问学能力"的现状。

1. 儿童由"有问题"到"没问题",需要精神鼓励

在教学中有这种现象,越是年龄小的儿童越敢于提出问题,越是年龄大的青少年的提问率反而越低。这里的影响因素是多样的,比如:儿童由好奇心驱使提出问题,但随着年龄的增长和自我意识的增强,他们怀疑自己提出的问题是否有意义或过简单,以至于被教师批评或被小伙伴笑话,多次之后就扼杀了青少年提问题的能力和意识。

[①] 本文为王永青领衔的科学团队"问学课堂"研究成果。

2. 问题浅显宽泛，针对性不强，需要方法指导

学生因无知而问，问题达不到点上，很多人不知道怎样提出关键问题，这是学生普遍存在的现象。一名五年级学生说："我知道做一个慎思明辨的人挺好，会问很多恰到好处的问题也挺不错，可我就是不知道该问哪些问题，不知道怎么个问法。"这说明在这个方面教育者可以通过指导教育，使学生达到善问。

3. 儿童"问而不学"，方法缺失，需要习惯培养

儿童提出问题，但不会主动研究去解决问题，或不会对问题进行深入的剖析。通过自主探究获取解决方案，这应该是科学教育中最有意义的部分。这个过程中儿童通过观察、实验、调查等科学活动，提高儿童的问学能力，更为重要的是，他们能意识到通过探究找到答案乐趣，用科学家的思维去思考探究问题是多么得有意义，进而提出自己能探究的问题，试着去自主探究，不断试错，不断改进，不断创新。

现在的教育将"有问题"的学生教育成"没问题"的学生，学生的脑袋装满了，思想却沉寂了，问题趋于表面，不会去主动探究问题。所以，教师需要正确的引导，培养学生的问学能力，学生年级越高，越有创意，越会突发奇想，越爱自主去探究科学的奥秘。

二、小学科学"问学能力"的价值分析

小学科学课标中指出："通过指导提出问题以及提出适合小学生探究的科学问题，逐步学会科学地看问题、想问题，保持和发展对周围世界的好奇心和求知欲，关注与科学有关的社会问题，知道科学探究是为了解决与科学有关的问题，能通过对周围事物的观察，提出自己能够研究的问题，从而打下实施科学探究活动的坚实基础和形成科学探究意识的良好开端。"问学能力的培养应用于科学课堂即"问学课堂"（如图1所示），让学生以问启学，开展科学探究，因为学而产生问题，循序渐进地学，以致循序渐进地问，不断提高自身的自主学习能力和创新能力。

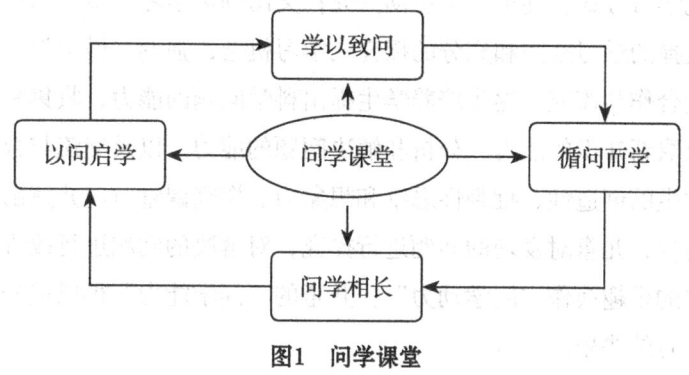

图1 问学课堂

1. 会问——从"没问题"到"有问题"

美国教育家布鲁巴克认为:"最精湛的教学艺术,遵循的最高准则就是让学生提出问题。"当前科学课堂,随着年龄的不断增长,学生逐渐"没问题",教育者没有给予儿童足够"问"的时间乃至空间,儿童没机会"问",不敢去"问"和反驳,以致不会"问","问"成了教师的一种特权,儿童沦为"没问题"儿童。其实,没问题也是很可怕的:没问题,致使儿童的好奇心与求知欲减少;没问题,使得儿童消极被动地接受知识,不会主动思考、探究;没问题,不能真正调动儿童的学习积极性。教育者需要在科学教学中营造宽松和谐的学习氛围,保护儿童原有的好奇心,教师要认真倾听儿童提出的问题,及时对问题有价值、新颖的地方提出表扬和鼓励。教师要把"问"的权利还给儿童,增强儿童的问题意识,让儿童大胆发现、提出问题,哪怕再简单,都说明他们在思考、在学习。

2. 精问——从"泛泛问"到"深问"

儿童对周边世界的不了解而好奇,因好奇而问,但不会深入问。儿童的注意力集中的时间很短,专注力需要训练。英国科学家波普尔认为:"科学和知识的增长永远始于问题,终于问题,越来越深化的问题,越来越能启发新问题的问题。"教育者要注意问题的层次性,循序渐进地提高问题的梯度,问题不能过难,打击学生积极性;也不能是太多简单问题的堆积,学生也会对问题疲劳。所以,教师应该引导学生渐进地探究问题,不断地发现问题,不断建构新的知识链。

3. 会学——从"问而不学"到"想学""自主学"

小学科学课标中提出:小学科学课程倡导以探究式学习(如图2所示)为

主的多样化学习方式，促进学生主动探究；突出创设学习环境，为学生提供了更多自主选择的学习空间和充分的探究式学习机会；强调"做中学"和"学中思"，通过合作与探究，逐步培养学生提出科学问题的能力、收集和处理信息的能力、获取新知识的能力、分析和解决问题的能力，以及交流与合作的能力等，发展学生的创造性、批判性思维和想象力。探究课堂对应儿童由"问"到"学"的过程，儿童对发现的问题进行探究，对解决的问题进行改进，由此，过程中探究的乐趣换作"问学动力"，儿童的"问学能力"得以提升，最后让儿童享受学习的快乐。

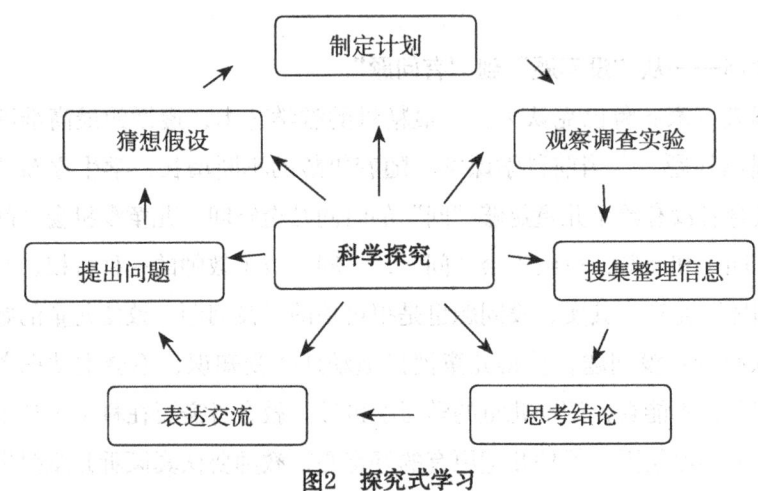

图2　探究式学习

三、科学课堂中"问学能力"的培养策略

（一）营造问学氛围，培养问学意识，是科学探究课堂的起始点

1. 疑是思之始，学之端，鼓励儿童"敢问"

亚里士多德提出了"思维自惊奇和疑问开始"，学生问学意识薄弱的重要原因是教育者不正确的引导，一不小心便扼杀儿童的问题意识。学生问题一旦提出来，教育者要给予及时的评价，比如："我对这个很好奇""我好想也去了解一下，看上去特别有趣"，这样的要求体现了教师对学生的尊重，有助于培养学生"不唯上、不唯书、只唯实"的精神。教育者要让儿童敢于"问"，培养"以问为荣"的班风，鼓励儿童"问"得深、"问"得妙，让儿童成为课堂的"主人"。

2. 不愤不启，不悱不发，鼓励儿童"想学""自主学"

孔子教育学生"不愤不启，不悱不发"，不到学生自己努力想弄明白而无解的时候，孔子不会去开导他；不到学生心里明白而不能完善表达出来的时候，孔子不去启发学生。而现实中有些"认真"的教师教学可谓是面面俱到，占用了很多的时间，学生思考和提问的时间"不翼而飞"，于是在教学过程中，有疑问的学生越来越少。这种"认真"几乎剥夺了学生自主思考、自主学习的权力。而"懒惰"的教师，他会在讲解关键点、重难点，以及学生提出问题、产生认识冲突时留有一定的时间，让学生认真地去思考，或与同伴共同研究讨论等，不知不觉中，学生有了自己的学习方法，练就了一双敏锐的、发现问题的眼睛，更重要的是有了主动学习的精神。总而言之，"留白"的问学氛围，让学生有充分时间去思考、发现问题。

（二）创设问学情境，激发问学动力，是科学探究的立足点

1. 多元突破：丰盈学生的感知力

多元化的创设问学情境，有助于提升学生的探究兴趣。创设情境应以简洁、直观、富有启发性为宗旨，可以以实验、游戏、新闻、故事、科学史、生活常识、信息化运用等多元化方式创设问题情境，从而打造高效科学课堂。

课例片段一：《空气中有什么》

师：同学们，你们见过蜡烛燃烧吗？

生：见过。

师：那你认为蜡烛可以在水下燃烧吗？

生：不可能！

生：可能。

师：你觉得怎样蜡烛才可以在水下燃烧？（留白，给予学生思考的时间）今天，我也想试试，看老师带来的装有水的水槽、蜡烛，以及去底的饮料瓶，下面，我们将蜡烛点燃放在水面上。同学们注意看，老师要将饮料瓶扣在上面压下去。（生惊奇）同学们注意观察蜡烛的位置和燃烧情况，还有水面的变化。

生：老师，你是魔法师吗？

师：魔法师也会利用科学原理来制造你想象不到的现象（如图3所示），请同学们描述你看到的现象。

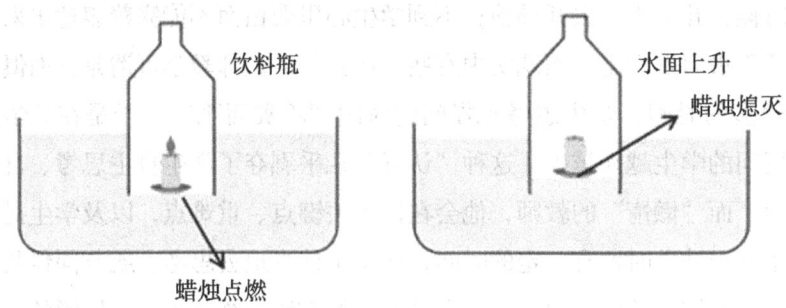

图3 蜡烛燃烧现象

生1：蜡烛在饮料瓶的作用下来到水底下，但是不一会儿，蜡烛熄灭了。

生2：老师，为什么蜡烛会熄灭？熄灭后饮料瓶的水为何有上升？

生3：上升的水比瓶子外面水还高，为什么？

师：同学们观察得很仔细，你们的疑问正是我想问的问题，有没有同学想为大家解答一下？

生1：我来回答，我觉得像我们以前学的空气占据空间，所以饮料瓶里的空气把蜡烛压下去。

生2：蜡烛燃烧是不是需要一定的物质？

生3：是不是蜡烛燃烧，空气中的一种东西使空气体积变小。

师：你们猜测得很有道理，蜡烛燃烧需要一种气体，恰巧空气中有这种气体——氧气。同学们，看饮料瓶里的水面高于外面的水面，那有没有同学可以想到方法在饮料瓶不离开水面的时候让饮料瓶里的水下去。

生1：让空气进到饮料瓶里。

生2：用针把饮料瓶戳洞。

生3：把瓶盖拧开。

师：老师真佩服你们，现在试着自己做做看。

笔者通过实验，把空气这种看不见、摸不到的抽象事物直观化、具象化，学生认识到空气中含有氧气，并且巩固前面空气占据一定空间的知识。打破学生原有的经验：蜡烛不能在水下燃烧。学生很感兴趣，想探究真相，试着去提出问题、探究问题、解决问题。多元化的情境创设，学生的学习氛围明显更加浓烈，问学动力更强，课堂效率更高。

2. 建模会意：丰满学生的表象力

学生的抽象思维比较薄弱，对具体模型、联系生活的事实和现象更感兴趣，以此来创设问学情境，更能激发学生的"想问"。建立模型可以将抽象或宏观或微观，我们在现实中难以直接接触的事物，通过模型让学生具体形象地接触到，方便学生理解，更利于激发学生的问学动力，进而"想"提出问题。

课例片段二：《橡皮泥小船》

师：同学们，老师把一根钉子放在水里会怎样？

生：沉入水中。

师：谁知道泰坦尼克号的巨轮是什么材料构成？

生：铁、钢铁……

师：那将泰坦尼克号放入水中呢？

学生思考，出现很多不同回答。

师：为什么泰坦尼克号不会沉入海底呢？

生1：因为它们的形状不一样。

（一语点醒梦中人，学生觉得有道理。）

生2：老师，哪种形状的船能像泰坦尼克号那样盛很多的乘客？

生3：老师，哪种形状的船开得更快呢？

师：那老师给你们提供80g的橡皮泥，一盘石子、天平、盛有水的水槽。你可以怎样让橡皮泥浮起来，看看哪组设计的橡皮泥船载重最多。

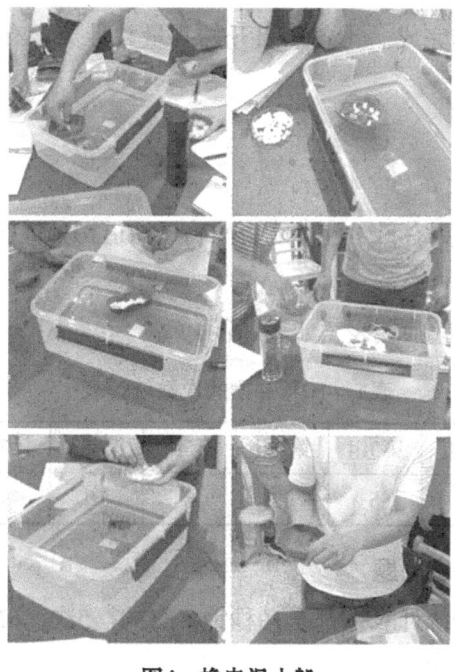

图4　橡皮泥小船

学生设计实验，每个人去做船模型，之后进行测量。

学生经历不断的尝试、失败、反思、再尝试、再尝试、成功、总结经验、再改进。一开始，给学生8分钟时间去完成，但是看到学生自主探究，不达目的不罢休的决心，又给其5分钟的时间。虽然每组不都达到最佳的载重量，但笔者非常欣喜地看到那么多不同的作品：有的载重很多，重达650g，尽量把橡皮泥的体积最大化利用；有的非常漂亮，像个艺术品；有的像船一样具有流线体，一定航行得很快。这都是通过建立模型，创设问学情境，学生的思维产生不可思议的冲击力，一下打破原有思维模式，创新的萌发也随之发生。小学科学课并不是要告诉学生多么深奥的道理，而是要让学生对科学产生兴趣，让其主动去探究，展开思维，因为"敢做始于敢问，敢问始于敢想"。

3. 逐层推进：丰厚学生的理解力

案例片段三：《摆》

（1）学生尝试制作摆。

师：现在你们会做摆吗？做摆需要什么材料？

生：线和钩码。

师：那就做一个摆吧！想不想知道你做的这个摆，10秒钟摆几次？

生：想。

师：那小组合作完成。（各小组开始测量并计数）有结果了吗？需要再测一次吗？

生：需要。

师：为什么？

生：再测一次能更有科学性，能更准确地知道10秒钟摆动的次数。

师：那请计时员再辛苦一次。

各组汇报结果，教师填表（如表1所示）。

表1 10秒钟摆的次数统计表

小组	第1组	第2组	第3组	第4组	第5组	第6组	第7组	第8组	第9组
次数	11	7	6	12	8	10	9	13	5

2. 尝试发现与提出问题

师：我们看这个统计表，都是10秒钟，有的摆5次、6次、7次……12次、13次，这说明什么？

生1：这说明摆的次数不一样，可能是摆的重量不一样。

生2：这说明10秒钟摆的频率有快有慢。

生3：也可能是摆的角度不一样。

师：面对这组数据，同学们能不能提出进一步要研究的问题？

生1：10秒钟为什么摆的不一样多？

生2：摆什么时候停下来？摆有什么规律？

生3：要做到每组10秒钟摆的次数一样，应该怎么做？

师：刚才提出的怎么使10秒钟摆的次数一样，就是摆的次数多少与什么因素有关。你觉得10秒钟摆的次数（频率的快慢）可能与哪些因素有关？

生1：可能与摆线有关。

生2：可能与摆锤有关。

生3：可能与摆幅有关。

师：为什么说是可能与摆线、摆锤、摆幅有关呢？

生：因为是猜测、预设，还没有通过实验进行验证。

师：对，实验才能出真知。再猜一猜，与摆线可能有什么关系？与摆锤可能有什么关系？与摆幅可能有什么关系？

生1：摆线越长，摆的频率越慢，摆线越短，摆的频率越快。

生2：摆锤越重，摆的频率越慢，摆锤越轻，摆的频率越快。

生3：摆幅越大，摆的频率越快，摆幅越小，摆的频率越慢。

从简单问题开始，之后逐步加深，凸显了提问的层次性，扩展内容，发现问题，丰富知识，建构概念，使整个过程结构严谨，体现了发展性原则。学生把学习看作一种乐趣，学习的效果好、效率高，于是学生更爱学习，从而产生良性循环。

（三）关注问学主体，提高问学能力，是科学探究的生长点

作为科学课程学习的主体，学生在面对精彩纷呈的科学世界时，会产生浓厚的兴趣。教育者需要尊重学生的意愿，以开放的心态和观念为学生营造一个宽松、平等、和谐的学习环境。

1. 把握生生"落差"，静待花开

学生由于家庭、性别、性格等不同，个体之间存在客观的差异性。在科学教学中，教育者应尊重学生的个体差异性，以认真、亲和的态度并耐心倾听学生的提问，呵护学生的"问题意识"。对于大胆、有创意提问的学生，教育者应给予充分肯定；对于问题不鲜明的学生，教育者可以引导学生理清思路；对于提出浅显问题的学生，教育者应在肯定他的勇气的同时，与其他同学共同分析原因。教育者对每名学生提出问题，要报以尊重的姿态，从而满足学生的成就感，激发学生探究新问题的勇气与信心。

教育故事：

我的一名"问题"学生（王科杰），他在课堂上经常以一些社会流行语言或不文明语言接话，哗众取宠，致使部分同学哄堂大笑，打扰其他同学上课，甚至滋事挑衅。我找到其班主任了解相关情况后，明白这名学生的性格问题主要受其家庭状况影响，他的父母离异，母亲对其班主任说："这孩子判给他爸爸，以后不要找我，我要有我自己生活。"爸爸一开始还和班主任沟通，但回家对他就拳打脚踢，再后来再也不管。了解事情的原委后，我试着关注这名学生：在他起哄时，我假装听不见；上课讨论问题时，在大家讨论研究后，我会第一个问他对此的看法，尽管他还是给我一些与问题毫不相关的话语；在大家做实验的时候，我总会转到他们组，开始他总是给他们组捣乱，大家做实验都不带他；在课间时，我总会请他帮个小忙，顺便奖励点东西；再后来，在他第一次试着走向"大部队"时，我和同学们给予他最热烈的掌声。一个学期下来，我发现他开始正面回答问题，下课还会问我问题，甚至分享生活的趣事。我才发现，满口成人语言背后的王科杰其实还是个孩子，他对于生活和学习同样充满着美好的探索精神。

正如苏联教育家苏霍姆林斯基所说："所有的学生都无例外的是有天赋的、有才能的。发现、显示、爱惜、培养每名学生的独特的个人才能，意味着把个性提高到人的尊严充分发展的高度。"因此，对待差异性的学生，教育者需要积极调整自己的心态和视角，用欣赏和鼓励的眼光去发现他们独特的"美"，你会发现每名学生都会让你惊喜——他们拥有如此丰富的"内心世界"和那么多的"奇思妙想"。

2. 玩转"多样化"评价，激起学生的思维火花

作为启蒙课程的科学，呵护学生与生俱来的好奇心是特别重要的。在科学教学中，学生对知识的掌握程度不是教育者衡量一名学生学习效果好坏的唯一标准，教育者一定要以学生为课堂主体。教育者在满足学生发展需要和已有的经验基础之上，更应注重学生学习科学的主动参与度和能动性，让学生自己提出问题、解决问题。比如：及时对学生提出的问题做出回答，他们的信心会逐步增强；评价的内容全面化，可以从知识技能、过程方法、情感态度价值观等方面展开；评价方法多样化，可通过学生测评、实验记录测评、操作测评、作业法等方法进行评价。

问学能力，反映学生对事物内在理性的一种突破，体现一个人的思考力、洞察力，更体现一个人不盲从的理性积极态度。科学探究和问学能力紧密结合在一起，培养学生的"问学能力"，让学生以"问"为桨，以"学"为船，遨游在科学的知识海洋里。科学"学问"无尽头，"问学"探究要砥砺前行。

体育之"问学模式"在足球传接球教学中的教研探究[①]

近几年，依托学校"宽和问学"的文化内涵，我校一直致力于"问学课堂"的教学改革实践，并且取得了一定的成效。为了对前一阶段的实践成果进行总结提升，明确下一阶段研究的方向和目标，我校体育组利用教研组活动时间开展了"体育'问学课堂'之我见"的教学研讨活动。在笔者和大家分享自己践行"问学课堂"的过程中，就如何鼓励学生敢于提问、学会提问、训练学生小组合作探究等方面做了具体介绍，给教师提供了有效的借鉴。

足球传接球教学的过程是学生技术练习到技能提升的过程，亦是在不同条件下彼此相互交流和问学的过程。基于问学的理念，学校按不同年龄段制订相应的教学目标和评价体系，分层次地设置教学内容，让学生在这种渐进式的问学模式中完成技术到技能的跃迁。教师在问学探究中学会和同伴一起合作、学练，形成良好的问学模式，并最终能在教育教学中通过问学引导、问学评价、问学体验来完成教学目标的达成和教学效果的提升。

一、传接球技术的问学引导

《足球——脚内侧传接球》这一教学内容是水平二（四年级）的球类必修教材，对于刚接触足球不久的小学生而言，学习起来较有难度。在课堂教学时，可以用问学的教学方式引导学生通过合作对传接球技术动作进行学练。

---

① 本文为周黎明领衔的体育团队的"问学课堂"研究成果。

（一）先学后问，技术诱导

为了让学生进一步体会脚弓传球的正确动作方法，理解在足球运动中的作用，我根据学生动作技能形成规律，结合足球教学的特点，采用了渐进式合作的问学策略，让学生先进行尝试，然后利用各种诱导性练习提升技术动作的完成度。如在热身环节，采用手传球——脚前掌传球——脚内侧传球的流程，询问学生手脚传球的感受和两者不同之处，对学习脚内侧传球有个很好的过渡，让传接球技术变得由浅入深、循序渐进，有利于帮助学生克服畏难情绪。

图1　体会脚弓传球的正确动作方法

（二）一问一学，合作参与

传接球技术需要合作学习，教师在教学中要始终贯穿"问学合作"的理念，从固定同伴合作到不固定同伴合作，再到多人合作。课中还巧妙运用呼啦圈进行踢准游戏和身体素质练习，器材设计清晰、简约，运动量和练习效果都有保证。我还和同学们一起编排球操，并且让他们自己设置小组间的足球游戏，并且总结传接球的各种脚型，说出游戏中哪种传球脚型最稳定？哪种传球击球的准确性最高？并且让同学们边体验、边思考，在问学中练习、在问学中合作、在问学中领悟，最后，由学生自己总结出传接球技术动作的重点要素。

图2　小组间的足球游戏

（三）一练一学，师生互动

在进行技术动作学习时，我先让同学们用手体会传球的平衡性，注意观察球的滚动，然后，我再完整示范传接球的技术动作，让同学们自己总结传接球的动作结构组成。同学们你一言、我一语，有的谈到支撑脚，有的谈到摆腿，这时，我让同学们两人一组尝试练习，我问大家传接球过程中会遇到什么问题？有的说球会偏，有的说球会飞起来，这时我再亲身演示传接球的技术动作，让同学们对比自己的动作有什么不同？同学们模仿我的技术动作进行练习，感觉相互之间的传球次数变多了，彼此之间的沟通、交流也更频繁了。

图3　传接球

此时，再问他们同样的问题，同学们能够逐渐说出传接球技术的动作结构，最后我把传接球的技术构成归纳出来：传接球技术由支撑脚选位、踢球腿的摆动、触球部位、触球后的跟随移动四个环节组成。这时再让同学们两人一组进行传接球的练习，同学们明显对自己的技术动作有了控制，传接球时对技术动作有了一定的认知感受，有的同学还能提醒同伴传球脚型等注意事项。

二、传接球效果的问学评价

对于学生传接球学习效果的评价是多方面的，包括学生自评、教师评价、其他人员评价，以问学理念为中心，从"意识构建、身体技能、合作参与"三个方面对传接球的学习效果进行评价，并根据不同水平段制订相应的评价内容。

（一）意识构建的形成性评价

依据学生的认知规律和问学特点，以学生的意识作为问学评价的首个要素，让学生在练习中逐步建立起意识范畴，逐步掌握在不同情况下做出合理的判断和选择的能力。在不同的水平段，教师应对学生提出不同的评价要求，使得评价有问有学，环环相扣，从而体现评价的延展性，如表1所示。

表1 意识构建的形成性评价

意识 学段	无球意识	有球意识	合作意识
水平一	无球状态时，有意识地观察同伴所在的位置，并且能够主动要球	拿球时，能够观察同伴，并给出言语和手势的指导	彼此之间有眼神和语言的沟通和交流
水平二	从定点接球到主动跑位，选择合理的跑动路线，用手势和言语提示队友	做到接球前观察同伴位置，有意识地控制传接球力度和角度	传接球过程中相互进行言语交流和做手势，理解队友的传接失误，并且鼓励队友
水平三	无球状态时，做好接球前的无球跑动和传球后的迅速跟进，敢于用假动作迷惑对手	鼓励对方，注意传接球的预判性，选择合理的传跑路线	传接球前后有交流，彼此分享传跑路线和传接球的力量和角度，相互鼓励

（二）身体技能的相对性评价

从课标的目标和实际学情出发，遵循学生的"问学体验"和"学练参与"两个原则，将传接球技能和体能作为评价内容，并根据不同水平段的评价要求来检测学生的运动技能和身体健康，如表2所示。

表2 身体技能的相对性评价

技能 学段	传球技能	接球技能	体能
水平一	（1）徒手相互传接球游戏； （2）球操练习； （3）双脚交替踩球、一踩一踢； （4）对墙踢球——接球练习	（1）辅助性游戏：原地的金鸡独立练习； （2）脚前掌拉球、揉球； （3）脚前掌接球； （4）脚前掌接球——踩球	（1）协调性游戏：跳格子； （2）球操的柔韧性练习； （3）各种听信号的快速跑； （4）简单的敏捷梯练习
水平二	（1）辅助练习——巧力、自抛自接、脚接同伴抛球练习； （2）3米距离传接球； （3）一踩一射练习； （4）踢准练习——同伴手持呼啦圈	（1）辅助性游戏——"对对碰"； （2）脚内侧盘球、脚前掌拉球、脚弓推球； （3）定点脚内侧接球； （4）移动中脚内侧接球	（1）支撑脚的平衡性练习； （2）敏捷梯的步伐练习； （3）变向跑； （4）折返跑

续 表

技能 学段	传球技能	接球技能	体能
水平三	（1）一人对墙踢球，一人接球； （2）3～5步助跑后的射门练习； （3）运球后完成传球； （4）传球的力量和方向：直传斜插、斜传直插配合	（1）脚内侧接球变向； （2）接球转身； （3）接球后完成射门； （4）接球前的无球跑位：利用变向、变向和假动作摆脱防守	（1）变速跑； （2）腰腹力量练习； （3）蛙跳后运球射门； （4）有氧体能的练习

（三）合作参与的定性评价

以课标中的学习领域目标为依据，从运动参与和社会适应的目标出发，将问学模式用三个层面进行阐述，并在不同学段建立起发展性的等级评价。

表3　合作参与的定性评价

评语 学段	体验	分享	合作
水平一	乐于完成教学内容，并能帮同伴踩球，让同伴练习	和同伴分享足球，帮同伴踩球时，提醒同伴的动作要领	乐于和同伴分享足球，帮同伴踩球，并能指出同伴的摆腿技术和触球位置，彼此相互有交流
水平二	能够配合同伴完成基本的传接球动作，帮助同伴完成抛球动作	抛球练习时有意识的控制球的力度和方向，传接球时彼此有交流	根据同伴掌握的情况，选择合适的抛球高度和角度；两人传接球时注意传球力度和角度，彼此有沟通
水平三	有传球意图，接球同学能够体会并能做出呼应，基本完成传接球	传球前注意同伴的位置，相互有眼神和手势的交流，接球同学积极呼应	根据同伴的速度和位置，选择合适的传球路线和时机，接球同学主动观察同伴跑位并积极接应

三、传接球教学的问学体验

传接球教学中要让学生建立起分享足球的概念，积极主动地寻求合作；因此，教学中应着重通过"问学合作"的探究和"问学参与"的导入来完成问学体验,对于技术动作的练习,更多的是在游戏中去讲解,而不是一味地进行技术动作的练习,应该更加注重动作技能的运用。

(一)信息化教学,合作式体验

(1)在学练中,根据足球教学的特点,运用帮扶法以提高学生合作的能力,并通过教师和学生之间的问学互动,使学生敢于大胆尝试并体验合作学习的重要性。我通过以下几个方面来对学生之间的合作模式进行递进式的问学教导。

如:学生两人一组完成练习,体会脚弓触球时的感受,教师巡回指导。

①两人合作,一人踩球,一人踢固定球。

②两人合作,一人传球,一人接球后再传球。

③两人合作,传球进圈练习。

图4 合作进行传球练习

(2)通过结合教具的讲解、示范,使学生更为直观地领会动作的规格和要领。在教学中,我还适时地运用了一些小游戏和交换展示的方法以提高学生学习的兴趣,并拿出器材让同学们自己设计教学内容和传球游戏,极大地提高了学生练习的主动性和有效性。

(3)依托信息化教学,让学生自己设计传球路线,进行小组间的传接球传切配合。同学们通过对传球路线的思考和设计,编排一些"二过一"和"传切配合"的套路,这也就是最基本的战术演练。实践中采用对抗形式以提高学生在实战中的技能学习和运用能力,并通过问学思考营造良好的学习氛围,达到培养积极进取、勇于展示自我的优秀品质的目标。

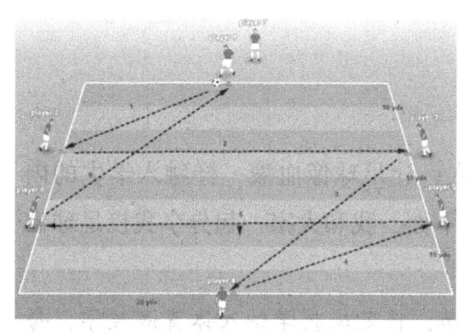 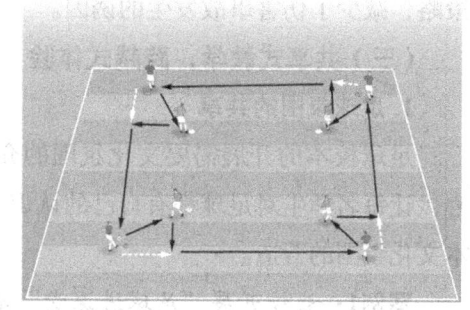

图5 学生自己设计传球路线

（二）渐进式教学，自主式体验

（1）在传接球第一课时的教学中，为了让学生明确支撑脚和踢球脚的位置的角度关系，我运用了呼啦圈和接力棒相互结合的方式，让学生通过自己摆放接力棒来了解支撑脚和击球脚的位置，并通过不断调换的角度来尝试传接球，经过不断尝试后，同学们自己得出结论：接力棒的直角摆放最有助于脚内侧传球。

图6 通过摆放接力棒和呼啦圈来传接球

（2）我通过围绕呼啦圈进行绕"8"跑的练习，提高学生的灵敏性，在传球练习环节，我采用两人一组传球进圈，让学生的传球具有趣味性和目标性；在结束环节，我利用呼啦圈进行素质练习，安排小组间的匍匐钻圈接力，然后是跳跳圈游戏，实现了简约体育，一物多用。

（3）在安全措施上，为了防止出现支撑脚选位错误、摆动腿用力过猛等伤害事故。为此，在教学中，我选择从固定球开始练习，练习距离缩短，练习方式增多，利用学生示范、讲解动作的要领，强调学练安全，层层递进的教学策略，减少了伤害事故发生的诱因。

（三）共享式教学，跨越式体验

1. 足球氛围的共享

足球校本的开展需要文化氛围的介入，让足球像血液一样融入学生的内心，让每名学生对足球都有自己的认识。下面，我和大家一起分享我校足球校本文化氛围的营造。

案例1：我校开展"足球进课堂"活动，将足球教学纳入体育课教学，每班每周开设一节足球课，根据学生的年龄和生理特点，分年级组织学生学习运球、传球、颠球、带球、顶球、射门等基本技能，将足球基本技术融入体育游戏教学之中，从而提高学生参与足球活动的兴趣。学校在师生中倡导"校园足球文化"，通过玩足球、画足球、讲足球、舞足球、赛足球、足球啦啦队等形式多样的活动来宣传足球知识，普及足球活动，还利用校园广播、校园网、橱窗和新闻媒体广泛宣传校园足球运动的开展情况。

2. 体智构建的共享

在学校和体校之间建立平台，用体育带动智育，智育促进体育，形成体智共享。在保证文化课学习的前提下，要用足球促进学生全面发展，一些在体校从事足球训练的队员，在对应的学校拥有自己的学籍，每周按时到学校完成相应的课时数。

案例2：我校盐河校区就与体校女足进行合作，实现体教结合，女足队员上午在学校进行文化课的学习，下午时间用来足球训练。这样让队员从小就生活在学校的大环境中，不但可以学习踢球，更有助于他们获得更多足球以外的东西。训练不耽误，文化课学习也有保证。每年，少体校学生有90%以上进入重点中学，这也是体智共享的成果。

3. 人力资源的共享

学校可以聘请体育社会指导员，其职责是制订训练计划、担当业余训练、辅助体育教师进行梯队建设。同时，学校可以建立一个校园球迷之家的组织，以吸纳更多热爱足球的学生、家长，并利用周末组织"亲子足球赛"，让足球成为家长和孩子成长的纽带。

案例3：我市二附小的社会体育指导员引入工作就做得十分成功，学校外聘3名社会体育指导员（足球特长），对他们进行体育教学常规的培训和考核。合格后他们不但分担学校的部分体育课教学，同时也肩负着学校足球校本课程的开展和实施。我校龙河校区设立家长开放日，以便观摩学生的足球训练和比赛，有了家长的引领和示范，可以有效地激发学生对足球的兴趣，把它当作是生活中的一部分，积极参与到足球教学中，让每名学生都有一个"足球周末"。

图7　亲子足球赛

四、总结

随着"问学课堂"不断向纵深推进，"问学"理念已经内化为教师的课堂自觉，课堂的深刻变化彰显了学生的无限潜能。在传接球的教学中，通过对问学引导、问学评价、问学体验的模式探究，让师生之间互问互通，学生之间互练互学，对于传接球的教和学，彼此都有了更深层次的解读和借鉴。

为了让"问学课堂"走得更深、更远，我们需要且行且思。此次教研探究力求通过教学实践架构体育学科的具体教学范式，体现"问学课堂"的学科味、课改味、校本味，从而促进和引领教师的专业发展。

第五章
"问学课堂"的课例研究

给予孩子们自由，让他们按照自己的意愿成长；
给予孩子们权利，让他们能掌控自己的人生；
给予孩子们时间，让他们能自然地成长；
给予孩子们快乐的童年，保证他们不会感受到成人制造的压制和恐惧。

——题记

学无涯而问不止，问无休而学有成。问学不仅是一种模式，更是一种理念、一种追求，我们专注于"问学课堂"变革实验，在坚持中思变，于执着中求新。把提问的权利还给学生，把探究的任务交给学生，把创新的使命赋予学生，尊重学生生命的成长，聆听学生生长拔节的声音，让"问学课堂"成为学生自我展示和生命舒展的一片天地，让学生智慧的浪花在问学的课堂上朵朵绽放。

语文课例研究及实施反思

课例1：《姥姥的剪纸》教学实录[①]

一、以问导学，体会剪纸之神

师：（板书"神"）围绕这个"神"字，大家有什么问题吗？

生：姥姥的剪纸究竟"神"在哪里？

师：这是个很有价值的问题，（师板书）同学们还有其他问题吗？

生：课文是怎样表现姥姥剪纸的"神"？

师：你的问题和刚才提的问题有什么不同？

生1：我想问姥姥剪纸的"神"是通过怎样的手法来表现的。

生2：我来补充，第一个问题是根据课文内容来提的，而第二个问题是根据课文写作方法来提的，这两个问题不一样。

师：非常好！

师：请同学们默读课文，思考这两个问题，圈画关键词语，并做相关批注。

（生自学后，小组交流。）

师：谁来说说你的发现？

生：大家请看第二自然段的第一句话，经过小组讨论，我们抓住了关键词"普普通通"。从这个词可以看出姥姥所用的剪刀和彩纸和我们平时使用的没有区别，但姥姥好像有魔力一般，能剪出如此精美的作品，姥姥的剪纸太神了！

[①] 本课例由马鹏华执教，熊福建、江姝、金凤、马建明参与研讨，发表于《语文教学通讯》2017年第3期。

师：说得好！除了"普普通通"，还有哪些地方引起了你的关注？

生：这里有一段话："你姥姥神了，剪猫像猫，剪虎像虎，剪只母鸡能下蛋，剪只公鸡能打鸣。"作者用了夸张的手法，既是村民对姥姥剪纸的赞叹，也能看出姥姥剪纸的"神"。

师：你认为夸张的手法有什么作用？

生1：能突出表现姥姥剪纸的"神"。

生2：补充一下，这句话不仅用了夸张的手法，我认为也是一种侧面描写，文中说"我从小就听人啧啧赞叹"，俗话说群众的眼睛是雪亮的，姥姥的剪纸不是浪得虚名的，得到了乡亲们的认可。

师：大家都有一双慧眼！这段话还有其他让你关注的词语吗？

生：大家看"便要什么就有什么了"，说明姥姥什么都能剪，人物、动物、植物、器具，不管是什么，也不用提前准备，要什么她就能剪什么。

生：请大家看这句话的最后一个词"无所不能"。我们经常会在神话故事里看到这个词，但文中却用来形容姥姥的剪纸，说明姥姥什么都能剪出来，并且剪得栩栩如生，姥姥剪纸真"神"啊！

师：工具简单，但结果却是"无所不能"！同学们说得好，能把它读好吗？

（生读句子。）

师：谁来评价一下他的朗读？

生：我觉得有些词语并不需要刻意突出，有时候读得慢一些、语调轻一些也可以表示强调。我来试试。

（生读句子，学生自发鼓掌。）

师：你的朗读像姥姥的剪纸一样神！老师把乡亲们对姥姥夸赞的话调整了一下格式，大家有没有新的发现？

你姥姥神了，
剪猫像猫，
剪虎像虎，
剪只母鸡能下蛋，
剪只公鸡能打鸣。

生：后四句格式差不多，并且读起来十分顺口。

师：关注一下乡亲们夸姥姥时列举的几样事物：猫、虎、母鸡、公鸡，同学们发现了什么？

生：猫、虎都是同一科动物，外形很像，能剪出它们的不同是非常不容易的，母鸡和公鸡更是难以区分，但姥姥竟然能剪出来，可见姥姥剪纸的"神"。

师：大家能不能也学学乡亲们的话语来夸夸姥姥？

生：你姥姥神了，剪鹿像鹿，剪马像马，剪蛇像蛇，剪龙像龙。

师：有没有其他同学给他点建议？

生：前面也说了，列举的事物要相似，鹿有角，马没有，差距太大。

师：那你说一个和马外形差不多的。

生：剪马像马，剪驴像驴。

师：大家别光笑，觉得他说得怎么样？

生齐：很好。

师：后面呢？

生：他说的后半部分跟原文不一样，后面的句式应该是剪什么能怎么样。比如，剪只小鸟能飞。

师：只说了一半，老师稍微改一下，剪只喜鹊能飞天。谁接着往下说？

生：剪只夜莺能唱歌。

师：好棒！把刚刚几名同学说的连起来说。

生：剪马像马，剪驴像驴，剪只喜鹊能飞天，剪只夜莺能唱歌。

师：刚才同学们也夸姥姥了，再来看看乡亲们夸姥姥的这句话。怎么能把它读好呢？提示语关注到了吗？

生：提示语是啧啧赞叹，就是一直在赞叹，接连不断，就说明乡亲们对姥姥的剪纸是非常认可的，我认为应该读出佩服之情。

师：同学们还能从哪些地方感受到姥姥剪纸的"神"？

生1：第四自然段"岂知工夫不大，一幅'喜鹊登枝'便完成了。""岂知"两个字就可以表现出姥姥剪纸的动作十分熟练，剪纸很"神"。

生2：我来补充，"岂知工夫不大，一幅'喜鹊登枝'便完成了"和后面的"大小疏密，无可挑剔"形成对比，表现姥姥剪纸的"神"。我服了，可还要赖："姥姥，你从我手指缝里偷着往外看了！""我"越是不信，姥姥就越神，我不敢相信姥姥在这么短的时间不看就可以剪出这么好的一幅"喜鹊登枝"。

生3：姥姥蒙着眼睛这幅"喜鹊登枝"都能剪得大小疏密、无可挑剔，说明姥姥经常剪。第六自然段就有提到"数九隆冬剪，三伏盛夏剪，日光下剪，月光下剪，灯光下剪，甚至摸黑剪。"说明姥姥蒙着眼睛都能剪出这么漂亮的剪纸不是没有原因的，因为她随时随地都在练习，正所谓熟能生巧，才会把剪纸剪得这么"神"。

师：用姥姥的话说那就是"熟能生巧，总剪，手都有准头了！"大家能理解这句话吗？

生1：我觉得这句话意思是，长年累月的练习使得姥姥的技艺十分高超和娴熟。

生2：这可以联系下文"好使的剪刀就像她两根延长的手指，姥姥的手就是眼睛"，从这句话可以看出，剪刀就是姥姥的手指，姥姥不需要用眼睛看，她的手就是眼睛。

二、以问促学，体会祖孙之情

师：课题是"姥姥的剪纸"，文章写到这里我认为完全可以独立成篇了，后面的内容还有必要再写吗？（沉默数秒后）

生1：有必要！第七自然段"密云多雨的盛夏，姥姥怕我溜到河里游泳出危险，便用剪纸把我拴在屋檐下。"这个"拴"字要注意一下，不仅能体现姥姥剪纸的"神"，而且说明"我"对姥姥和她的剪纸产生了一种浓厚的依赖。

生2：我来问个问题，我们小组讨论时认为"拴"是用绳子等工具把某人拴在某处。这里用"拴"字合适吗？

师：真会思考！大家能解释吗？

生：我个人感觉是作者对剪纸充满兴趣，还有姥姥剪纸时那种身心入境的感觉，深深抓住了他的内心，吸引了他。

师：你觉得"拴"是吸引的意思？

生：我觉得不太全面，我认为"拴"有一种被动的感觉，毕竟小孩子天性都喜欢玩，直到姥姥把纸剪出来，他才真正有了兴趣，后面第十二自然段还有个"缠"字，可见作者看多了姥姥剪纸，他就从被动变成了主动。

师：前后文联系起来理解，真厉害！姥姥为什么要"拴"住"我"呢？

生：怕"我"溜到河里游泳出危险，说明姥姥很爱"我"。

师：是呀，"拴"字里有姥姥对孙子的一种爱、一种情。"拴"，既能表现姥姥剪纸的"神"，又能表现祖孙间的情，让我们把目光集中到书中最能表现祖孙情深的几个剪纸作品上。请大家打开"问学单"（如表1所示），自由读课文的第七至十二自然段，小组合作完成这张问学单。

表1 《姥姥的剪纸》问学单

文字	命名	理由
一只顽皮的小兔子骑在一头温顺的老牛背上		
一头老牛和一只兔子在草地上啃食青草		
一头老牛定定地站着，出神地望着一只欢蹦着远去的小兔子，联结它们的是一片开阔的草地		

师：哪个小组上来给大家讲讲？

生1：我们小组先是关注句中的"骑"字，表现了祖孙亲情，所以起名为"背着亲情"；第二幅剪纸命名为"草地上的温馨"，既体现剪纸的内容，又体现生活中的温馨；第三幅是"在希望中"，这一幅充分体现出姥姥对笑源的一种期望，笑源也在姥姥的期望中慢慢成长。

生2：课本里的三幅剪纸图实质上描写了作者的成长过程。第一幅是他最小的时候，姥姥背着他玩耍，他有非常幸福的童年，我们就将其命名为"家人相伴，幸福童年"；第二幅图是他慢慢长大了，和奶奶在一个餐桌上吃饭，其乐融融，所以我们将其命名为"逐渐成长，其乐融融"；第三幅图他长大了，带着自己的学识，承载着姥姥对他深深的期望去闯荡，所以我们写的是"承载期望，携梦飞翔"。

师：你们组在第三幅剪纸中圈划了一些词语，能不能给大家讲讲。

生：这里的"出神"体现出姥姥对笑源虽有不舍，但又希望笑源能成长，她的内心是挣扎的；"联结"体现笑源走得再远，姥姥也永远等着她，这就叫亲情；"开阔的草地"则表现姥姥认为笑源未来还有很多路要走，是对笑源的期望。（学生自发鼓掌）

三、以问延学，探究表达之异

师：像这样将人物的某一种技能表现得淋漓尽致的文章还有很多。我推荐一篇《刷子李》给大家，课后，大家可以将这篇文章和《姥姥的剪纸》进行对比阅读，看看能发现什么问题，我们可以在小组里尝试着解决。

熊福建（连云港师专一附小校长、连云港市名校长）：

基于对学生核心素养培养的理性思考和对当下课堂教学实践的反思，我们认为，改变传统以知识为纲的教学样态，尊重差异，呵护和培育学生的好奇心和求知欲，培养学生发现问题、解决问题的能力，逐步形成问学品质、创新精神，是落实发展学生核心素养的重要举措。结合我校"宽和问学"为主旨的学校文化内涵，我们提出了"问学合一，自主成长"的课堂教学理念，并着力开展了"问学课堂"的改革与实践。

"问学课堂"内涵特质主要体现在以下两个方面：一是"问学课堂"不同于以往的"听讲课堂""问答课堂"，这些课堂所关注的是"系统知识""知识点""双基"，忽视了学生综合素养的形成与发展，而"问学课堂"则致力于学生素养的发展，强调学生作为个体"人"的成长，学生能够在"问中学""学中问"，好奇心、求知欲愈加旺盛，学生能够得到适性发展，其课堂实践具有实践性、探究性、创造性、发展性等特点；二是"问学课堂"是教师根据学生的问题来组织教学，通过"问学课堂"的实践与推进，传统课堂教学中教师与学生之间的关系得到了彻底改变，教师不再是课堂的主宰，学生真正成为"学习的主人"。在课堂上，学生结合学习内容大胆地提出自己的疑惑，小组之间热烈讨论、交流，教师准确点评，学生思维的广度和深度得到了发展，课堂有了更多的活力与张力。如马鹏华老师执教的《姥姥的剪纸》一课，以学生真实的学习疑问贯穿整个教学，通过创设学习情境，催生学生真实问题的提出，并通过核心问题统领整节课的"问学"活动，分别进行了"以问导学，体会剪纸之神""以问促学，体会祖孙之情""以问延学，探究表达之异"三个环节的探究学习，充分给予学生多元理解的时间和空间，打破教师的过度牵引，实现集中的、深层次的思维碰撞，从而获得知识的深层建构和学生素养的提升。

江姝（连云港师专一附小副校长、连云港市名师）：

"问学课堂"是以学生"问"与"学"为主导的课堂，强调的是学生的自主性与主动性，让学生在课堂上主动地"问"、投入地"学"，真正地使"问"与"学"能够发生在每一名学生身上。当然，"问学课堂"也不仅仅是学生在"问学"，教师也同样在"问学"，教师要基于学情，紧扣目标，问教材、问教法、问学生……所强调的是教师要敢于"退位"，适度施教，以学定教，变教为学，力求让课堂更贴近学生的需求，促使学生核心素养的养成与发展。

马鹏华老师《姥姥的剪纸》一课的教学，从"教学问"向"问学教"学习方式的转变，为我们展示了语文"问学课堂"阅读教学的基本模型结构：

以问导学，体会剪纸之神→以问促学，感悟祖孙之情→以问延学，探究表达之异。"以问导学，体会剪纸之神"是"问学课堂"的出发点，也是核心点。教师为学生创设学习情境，催生学生对核心问题的提出，提问的过程亦是学生自学、思考、比较、讨论的过程，学生的学习则始于此"问"而后"学"，并通过"核心问题"统领整节课的问学活动。对于"普普通通""无所不能"以及乡亲们夸奖姥姥的语言的品读过程，就是学生在宽松的氛围下，怀着好奇心，以发现的眼光不断探究问题的过程，许多富有个性的心得体会自然生长出来，从而促进学生对文本的理解和把握。"以问促学，感悟祖孙之情"则是学生在对学习内容的自主思考的基础上，主动建构知识，在认知结构发生冲突的基础上产生内在的问题需求，在此过程中生成的新问题进一步推动学生的学习，使得对话感更强，学生的好奇心和求知欲得到了呵护与张扬。"课题是'姥姥的剪纸'，文章写到这里我认为完全可以独立成篇了，后面的内容还有必要再写吗？""'栓'字用得合适吗？"这两个学习过程中生成的问题，无疑将师生对话、生生对话、与文本的对话引向深入。"以问延学，探究表达之异"更是课堂的生长点，"问学课堂"的最终指向就是"发展"与"生长"。与《刷子李》的对比阅读，将"对于人物技能写得淋漓尽致"这类文章的阅读由课内引向了课外，将"问"与"学"进一步拓展延伸。

"问学课堂"的模型结构是以学生的"问学范式"为主导，辅以教师点拨、释疑的"导学范式"，二者相辅相成，互为作用，旨在培养学生的问题意识和创新精神。在"以问启学"上，"问"是"灵魂"，"学"是根本，教师的"导学"正是在学生"问"与"学"的过程中出现障碍与偏颇时，发挥"四两拨千斤"的作用。

金凤（连云港师专一附小教务主任、连云港市骨干教师）：

以往的语文教学，教师过多关注"教"而忽视学生的"学"，教师往往设计一些问题，引导学生去开展学习活动，学生的"学"始终离不开教师的牵引。"问学课堂"就是要着力改变这一状况，把"问"和"学"的主动权还给学生，充分运用学生的好奇心、想象力和创造性，让学生善问、会问、善学、会学，在"问中学"，在"学中问"。马鹏华老师经过几年的"问学课堂"实践，培养了学生的善问、会问，学生提的问题十分精准："姥姥的剪纸究竟神在哪里？""剪纸的'神'是用怎样的手法来表现的？"这两个问题直指阅读教学中"文本内容"和"表达方法"，这不就是阅读文章的基本方法吗？接下来的课堂学习活动围绕两个问题展开,学生在细细的品读、赏析中,准确地运用并创造出鲜活的语言文字,沉浸在对姥姥剪纸技艺之神的叹服中。马鹏华老师适时抛出又一个关键问题,即"课题是'姥姥的剪纸',文章写到这里我认为完全可以独立成篇了,后面的内容还有必要再写吗?"这个问题又一次引发了学生的探究兴趣,引发了学生的思维风暴,把学生自然带入课文的又一个重点"浓浓祖孙情"的探究之中。因此,基于核心问题的"问学课堂",用"问"来引领"学",通过"核心问题"统领整节课的问学活动,改变了小问题呈现、碎步子前行、短时间思考的现状,促使课堂从"教为中心"向"学为中心"的转变,让学生的思维看得见。

"学"是对"问"的主动探究,这一过程是学生、师生、学习小组之间的讨论、互评、展示、追问、补充、质疑和争辩的过程。这节课,师生在核心问题的引领下或自读自悟,或小组合作,或集体交流,对话、朗读、理解、感悟、表达等穿行其中,思想的火花得以碰撞,独特的精彩得以生成,学生的学习活动是主动积极的、真实有效的。马鹏华老师适时的点拨和引导,在问题创生的节点进行追问,实现了对教学重难点的突破,推动了学生的思维向广度和深度延伸。

"问学课堂"还要体现浓浓的语文味。在这节课上,从学生赏析、仿写、修改乡亲们对姥姥夸赞的话语,到给每幅图画命名,创造新画面;从对词语"普普通通"的内涵解读到对"拴"字的细细咀嚼;从课内《姥姥的剪纸》的阅读到课外《刷子李》的延伸,无不散发出浓浓的语文味,属于语文的因子、元素无处不在,无论是语言文字的积累和运用、人文情怀的感染和熏陶,还是思维品质、创新审美能力,每名学生都得到了不同程度的提升。

马建明(连云港市教育局教研室副主任、小学语文教研员,江苏省小学语文特级教师):

熊福建校长阐释了"问学课堂"的丰富内涵;江姝校长以《姥姥的剪纸》一课为例,向我们阐述了"问学课堂"的教学范式;金凤主任结合《姥姥的剪纸》一课的教学,向我们介绍了"问学课堂"是如何实现阅读教学的目标与任务。三位讲得都非常好,下面,我从以下三个方面做补充说明:

第一,"问学课堂"指向学生核心素养的发展。我认为,"核心素养"体系是国家层面对学生发展的总体要求,作为小学阶段语文学科教学应该指向学生核心素养的发展,即从语文学科侧重培养学生核心素养体系中某些方面与基本要求。如"人文底蕴"中的"人文积淀""人文情怀""审美情趣","科学精神"中的"理性思维""批判质疑""勇于探究","学会学习"中的"乐学善学""勤于反思""信息意识","实践创新"中的"问题解决""技术应用"等。而从学校层面出发,我们必须思考语文教学如何体现上述核心素养的培养。因此,师专一附小提出"问学课堂"的校本化教学改革主张。"问"是思维的起点,真问题是思维的助推器。只有学生的真问题存在,学生的学习才能真正发生。"问学课堂"回到了教与学的原点,清代教育家黄宗羲认为:"始读未知有疑,次则渐渐有疑""小疑则小悟,大疑而大悟,不疑则不悟""小疑则小进,大疑则大进"。马鹏华老师的课堂,重在指导学生的生疑、存疑与解疑。如抓住剪纸之"神"进行提问,直指阅读教学的言语理解与言语表达,再加上教师的适时追问,引导学生聚焦关键词句,深入品味,从而领悟语言表达的传神与精致。如此,以问启学,以问导学,以问促学,以问延学,从而让学生的学习由浅入深,由近到远。在这个过程中,学生的"理性思维""批判质疑""勇于探究""乐学善学""勤于反思""解决问题"等学习品质得到了培育与养成。

第二,"问学课堂"指向教师教学方式的改变。教学改革的核心就是要转变学生学习的方式和教师教学的方式,即倡导自主、合作、探究的学习方式与启发、讨论、参与的教学方式。"教"与"学"方式的转变贵在实践,这就需要我们找到校本化实施的路径与策略,"问学课堂"就是很好的尝试与探索。以马鹏华老师执教的《姥姥的剪纸》为例,从学生的"学"来看,"以问启学",指导学生问得精准适当,促发学生开展自主学习。学生围绕"神"字提出了两个有价值的问题,分别指向言语理解与言语表达,也就明确了"教什么"的问题。"以问导学",学生有了问题,教师不必急着解答,而是让学生围绕自己提出的问题开展自主学习、小组讨论,拓展了学生学习的宽度与深度。"以问促学",对于富有挑战的学习任务,教师组织学生深入探究。从教师的"教"来看,"因问定教",教师根据学生的问题及时调整教学的内容,通过启发、讨论、参与的教学方式"顺学而教",在学生学习的过程中,教师发挥"精准点拨"的作用,从而达到"顺势而为"的教学境界。

第三,"问学课堂"指向语文关键能力的提升。我们认为,阅读教学的关键能力主要指提取信息、形成解释、整体感知、做出评价等。"问学课堂"通过"以问启学""以问导学""以问促学""以问延学",最终把着力点落实到学生关键能力的提升。以马鹏华老师的课堂为例,在培养学生"提取信息"的能力时,教师引导学生关注细节,把所提问题与文本中的具体信息建立联系,如"请同学们默读课文,思考两个问题,圈画关键词语,并做相关批注。""这句话中还有哪些地方引起你的关注。"等,学生能够提取单一或多个信息,或是提取位置和显隐程度不同的信息。在培养学生"形成解释"的能力时,教师指导学生联系上下文和自己的生活经验理解词句的意思,如指导学生体会"祖孙之情"时,让学生给三幅"老牛兔子图"命名,并说出自己的理由,无疑,学生的解释是深刻到位的。在培养学生"整体感知"的能力时,教师引导学生将文章看成一个整体并有一个较为全面的理解,如引导学生提问时,教师紧紧扣住"剪纸之神""祖孙之情"两个主要内容,通过"问"与"学",学生能够整体感知文章的内容,感受文章所表达的思想感情,并理解两个部分内容之间的关系,对文章有深刻的理解与感悟。在培养学生"做出评价"的能力时,教师引导学生不能局限于初步印象,要对文章有更进一步的思考,根据文本内容对作品中的形象、情感、观点、形式等做出评价,如课堂上学生对文章的语言表达形式的评价,给我们留下了深刻的印象。

课例2:《少年王冕》教学实录[①]

一、以问导学,回顾生活经历

师:同学们,这节课我们继续学习第二十四课,齐读课题。

生:少年王冕。

师:谁能概括一下这篇课文的主要内容呢?

生:这篇课文主要讲述的是元末明初的王冕小时候虽然家境贫寒,但是他好学上进、尊敬长辈,最后成了书画大家的故事。

师:好的,还有谁愿意说一说。

生:老师,我是根据王冕的年龄特点来概括全文的。王冕七岁时他的父

[①] 本课例由王昆老师在2018年连云港市小学语文年会上执教的"问学课堂"研讨课。

亲去世，之后他与母亲相依为命；十岁时帮人家放牛，但他一有时间就会看书；十三四岁时立志学画，只要赚到钱就孝敬母亲；十七八岁时离开秦家，载着母亲看夕阳。

师：非常好，还有谁来说说。

生：老师，我是通过思维导图的形式来呈现这篇文章。首先是王冕的出身家境贫寒，因母亲没钱供他上学，所以只好辍学回家给人放牛，但是他仍然不忘读书，孝敬母亲，接着他立志学画，取得一番成就，他每天作作画、读读诗，和母亲衣食不愁。这真是家贫出孝子，有志者事竟成啊。

师：真不错，我们已经了解了课文的主要内容，那么少年王冕在你眼中是一个什么样的人呢？谁愿意把心目中的词语写在前面。

（生把词语写在黑板上。）

师：同学们一起看看黑板上的词语，一起读读黑板上的词语，好不好？

生齐：孝敬长辈、奋发自强、学而不厌、自信向上、勤奋好学、坚持不懈。

师：你有没有发现这些词语其实都是表现少年王冕的勤奋和孝顺的，王老师把"勤"和"孝"写在黑板上。

（板书：勤、孝。）

师：同学们，这篇课文的主要内容都知道了吧？王冕是个什么样的人都明白了吧？那么，这篇课文还有什么地方是值得我们深入研究的呢？想一想，把你的问题写在问学单上（如表1所示）。

表1 《少年王冕》问学单

《少年王冕》问学单
我的问题

师：谁先来说说你的问题是什么？

生1：我的问题是这是一篇写人的文章，为什么第五自然段要写那么多的环境描写？

生2：王冕的成长经历和我们有什么不同？

师：很不错，联系自己提出了问题。

生3：第二自然段王冕很爱学习，为什么还要放弃呢？

生4：题目是少年王冕，为什么文中多次提到他的母亲呢？

生5：作者着力描写了王冕的家境贫寒和荷花的美丽，其用意是什么呢？

师：刚才同学们从各个角度提出了自己觉得值得深入研究的问题，其实，这篇课文只要抓住作者是怎样用语言来表现王冕的"勤"和"孝"，你们提出的问题便能解决了。下面，王老师把问题打在大屏幕上，你们一边看一边想，解决这个问题你有什么好方法？或者说这个问题我们怎样去研究？

师：好了，谁有好方法，你觉得我们应该怎么去研究？

生1：我觉得我们可以通过课文抓住一些词语来体会王冕的"勤"和"孝"。

师：你是想告诉大家要抓住关键词语。

生2：我觉得我们可以小组讨论，靠大家的力量来解决这个问题。

师：集思广益，是吗？好方法。

生3：从其他人角度来看王冕。

生4：也可以联系自己的生活来理解王冕。

生5：我们可以联系上下文，王冕之前怎么样，之后又怎么样，体会王冕的"勤"和"孝"。

师：瞻前顾后理解，对吗？今天，王老师也带来一个学习的小窍门和大家分享。想知道吗？少年王冕是一篇写人的文章，人物的特点往往都是通过细节来表现的，只要我们抓住细节，就能深刻体会人物特点。那么，究竟什么是细节呢？请你读出来。

生：细节就是细微的描写，可以是一句话语、一个动作、一个行为、一个表情、一个场景等。

二、以问启学，体会人物特点

师：翻开书，根据自学提示，默读课文，画出文中能表现少年王冕特点的细节描写的语句，联系上下文或联系自己的生活，做上批注，开始吧。

（生自学。）

师：自己的学习一定有很多收获，下面，小组四个人互相交流讨论一下。

（小组学习。）

师：大家的交流很热烈，真不忍心打断大家。下面我们全班交流一下，哪一组愿意到前面来展示交流，其他同学听一听，看看有没有补充。

生：我们小组抓到的是一个王冕的行为的细节描写，从中体会到王冕的勤俭好学。请大家看第四自然段的这一句：每天给的点心钱，他也舍不得花，积攒一两个月，便偷空来到村学堂，从书贩子哪里买几本旧书。白天牛吃饱了，王冕就坐在柳树荫下看书。

生：这段话中有几个词，我的感触特别深，分别是"舍不得""积攒""旧书"，首先说"舍不得"，大家都知道王冕用来买书的钱是秦家给的买早点的钱，他宁可饿着肚子，也要看书。其次是"积攒"一词，我们知道积攒是一点一点的积累，过程是漫长和艰苦的，但是王冕却能一点一点积攒下来，为了读书他坚持不懈。最后一个词是"旧书"，买几本旧书的钱完全可以买新书，但是他不追求书的外表而是看重书的数量和实质，从中可以看出王冕希望汲取更多的知识。

生：我们联系前文可以发现秦家人对王冕其实是很好，不仅一天供两顿饭，还给他点心钱，而且秦家煮的腌鱼腊肉也会给王冕，这说明秦家人心地十分善良，王冕在这样"奢侈"的环境下，依然兢兢业业地放牛，没有辜负秦家人对他的期望。大家请看"偷空"二字，王冕是在牛吃饱了的情况下才看书的。可以看出王冕是见缝插针地学习，也看出他的勤奋好学。

生：同学们有了零花钱一般都会用来干什么呢？请大家说一说。

生：我们积攒的钱都会买好吃的、好玩的。

生：我想和我们现实生活对比一下，现实生活中我们想买吃的直接朝父母要钱，而王冕是自己积攒的，而且他积攒的钱不是买吃的，而是买书。

生：是啊，很多人的零用钱一般都是用来买好吃的、好玩的，但是王冕只有十岁，比我们还要小，却能做到用辛辛苦苦积攒一两个月的钱买几本旧书，而我们有空闲时间时都是去休息、玩耍，但王冕不是，他是利用一切时间去学习读书，因此可以看出王冕的勤俭好学，我们应该向他学习。

生：我来补充一下，牛吃饱了才去看书。王冕不仅勤奋好学，从中也可以体现他对秦家人的感激，牛吃饱了，他才去看书，他没有耽误放牛，我们觉得这句话写得特别好，我们想读给大家听听。

师：掌声送给这个小组，既会学习，又会表达。刚才有人把手举得高高的，你们对这句话也有深刻的理解，是吗？谁来补充？

生：前面说每天早出晚归，和后边的"偷空"，这两个词尤其可以看出王冕的勤奋好学。

师：真好，抓到了两个关键词语来体会。

生：第四自然段有两个"舍不得"，第一个是孝顺，第二个是好学。

师：关于王冕勤奋的这个特点，你们还从其他哪些细节描写感受到了？

生1：第二自然段，"还要带几本书去读"，王冕边放牛边读书，可见其勤奋。

生2：第五自然段，古人说"人在画图中"，他读书读到了随口就来、炉火纯青的地步，非常熟练，一本书读了好多遍。

生3：第五自然段，"不知不觉三四年过去了，王冕读了不少书，也明白了许多道理。"从中可以看出王冕看书不是左面进右面出，而是深刻记在脑子中，只有勤奋，每天都读，才能把许多书都读完。

生4：第六自然段，我们可以想一下，三个月，时间很快，但在三个月的时间内大有长进，如果不坚持不会有这么大长进，说明三个月以来，他天天坚持画，进步才会如此之大，也说明了他每天练习时间长。

师：你觉得他每天都是怎么练习的？

生：除了放牛以外，每天都是在练习画画。

师：所有的时间都用在学画上。

生：我想提一个问题，第二自然段前面他说不想去学堂读书，说是闷得慌，为什么后面又说白天牛吃饱了，王冕就坐在柳树下看书，这里是否前后矛盾呢？

师：同学们，谁来帮忙解答一下，前后是否矛盾？

生1：其实我们从王冕的话中可以看出王冕是个爱读书的孩子，按理他是不应该放弃的，但是他又是一个孝顺的孩子，他七岁时父亲去世了，只靠母亲做些针线活，此时母亲压力很大了，如果他表现舍不得的话，母亲会很伤心，他是为了安慰母亲，才故作轻松说闷得慌，其实他是不想让母亲难过。

生2：我也想补充下，不仅是不让妈妈难过，也是不想拿妈妈血汗钱读书，他这样做的目的就是让妈妈放宽心。而且我也有一个问题：王冕前面说闷得慌，然后又说带几本书去读，这是否为一个矛盾点？

师：大家又发现了一个矛盾点，谁能帮他解决？

生：王冕并不是愿意放弃读书，母亲让他放弃学业，已经很无奈、自责，他是怕母亲自责，怕母亲觉得自己没能力让儿子上学读书。

师：这里体现了王冕的孝顺，你们又抓住了哪些细节呢？哪一组愿意来前面交流。

生：我们组抓到的是同学们提到的第二自然段王冕说的这句话："娘，我在学堂里也闷得慌，不如帮人家放牛，心里倒快活些。这样可以贴补些家用，还能带几本书去读呢。"

生：王冕其实是非常想上学，他知道母亲这样做是无奈之举，自己家境贫寒，他体贴母亲的要求，可以看出他的孝顺。

生：他说得特别对。我们都是特别爱学习的，当我们遇到王冕这种情况的时候，我们肯定会大声反驳，我一定要去上学。尽管王冕也是好学的孩子，但是还是乖乖听从母亲的心去放牛，可以看出他是体贴孝顺的好孩子。

生：他们说得特别好。我总结了三个成语"强颜欢笑""故作轻松"和"善解人意"，他之所以这么说是为了减轻母亲的心理负担和压力，也尽了男子汉的职责，帮母亲挑起了家里的一部分重担。

生：刚才同学提到一些矛盾点，我想再补充几句，让母亲知道去放牛也不会耽误学业，放牛、学习两不误，让母亲放心。这是我们的体会，你们还有什么补充吗？

生：大家看第三自然段的最后一句话，"王冕一一答应"，王冕其实是让母亲放心，不要担心，不要为他操心。

生：母亲告别的话，"你在这里处处都要小心，每天早出晚归，免得让我牵挂。"从这句话中也看出母亲的于心不忍，也不是很想让他去，母亲知道王冕是爱学习，让他放弃学习，母亲也很伤心、难过。

生：通过我们刚才的发言，大家对王冕的孝顺有了深刻的印象，我想邀请大家一起读读王冕的这句话。

（生齐读。）

生：王冕一一答应，全部答应，让母亲轻松，不要为他担心。

师：相信同学们还有很多体会和感受，刚才我们紧紧抓住细节描写来深刻体会王冕的"勤"和"孝"。那么，刚才提问的时候，这位同学你提了什么问题？

生：第二自然段前面说"闷得慌"，后面又说带几本书去读，前后是否矛盾，这是为什么？

师：刚才那个小组有没有帮你解决？还有另外一个问题是——

生：刚才周子钦说过课文的第五自然段，本来是写人，可后边却有一大段描写景，这是为什么？

三、以问促学，探讨作者表达

师：好啦！下面就让我们跟随这个问题的脚步，一起来看看第五自然段，这是一篇写人的文章，却用大段文字来描写景物，这段景物描写美不美，我认为没什么用，我觉得去掉这个小节，剩下的文章也完整，这些文字也能表现王冕的勤奋和孝顺，我觉得这段可有可无，完全可以去掉，你们觉得呢？你们不同意，为什么呢？

生：老师，我不同意你的观点，因为第五自然段是王冕的一个开始，是王冕学画的一个开始，所以，我觉得不能去掉。

师：好像缺点说服力，我还是觉得可以去掉。

生：他是看到荷花、荷叶漂亮，才感叹惋惜这里没有画工来画，又加上他学了不少知识，读了不少书，所以，他才想自己画几笔。

师：好像有一点点道理。

生：我觉得是因为这里景色美，才触动他的心，他才想画，心动了才勤奋努力，才能把荷花画得那么好。

师：你觉得在这里为王冕学画起到了什么作用？是铺垫作用吗？

生：首先是王冕看到的，换作我们肯定不会看得那么仔细，王冕看得这么仔细，这里也能看出王冕的观察力很强。

师：你觉得观察力强也为王冕学画做了铺垫。

生：我觉得这就叫"触景生情"。

四、问学结合，运用细节描写

师：同学们，你们能不能也像这篇文章这样，写写你身边熟悉的人，抓住细节，用两三句话写出这个人的特点，大家开始写吧。

师：我们请几名同学到前面来读一读，其他人听一听他写得怎么样？

生：他一把抓起书包，使劲往地上一扔，然后狠狠地踩上一脚，最后气呼呼地走开了。

师：你主要抓住的是什么细节描写？你写的是谁？

生：我写的是我们班的一个同学。

师：你们觉得他写得怎么样？好在哪里？

生：抓住了细节，抓住了人物的动作。

生：只见他飞速冲进教室，将书包一甩，拿起一把扫地用的扫帚，又以迅雷不及掩耳之势跑出教室。

师：你们能猜出来这个人去干什么吗？

生：打扫卫生。

师：还有谁来读读？

生：她有一双大大的眼睛，眼睛前面挂着一个眼镜，眼镜后面的眼睛可是火眼金睛，好像任何事情都能被她知道。

师：相信还有很多同学想分享，写好的可以和小组同学互相看一看，也可以全班再看一看。

数学课例样态及实施反思

课例1：构建问学网络，提升几何素养[①]
——《图形王国》教学设计与评析

【教学内容】

苏教版小学数学四年级下册第109页《图形王国》第19～23题。

【教学目标】

（1）通过对图形与几何知识的回顾和整理，进一步掌握三角形、平行四边形和梯形的特征，能解决与三角形边和角特性相关的数学问题；加深认识图形的运动方式，熟练地在方格纸上把简单图形进行平移、旋转，或把一个轴对称图形补全；掌握用数对表示平面上的点，正确确定点的位置。

（2）经历回顾反思、操作实践、观察推理的过程，形成合理的认知结构，发展作图技能、想象能力和空间观念。

（3）在数学活动中，获得解决相关问题的成功体验，帮助学生积累并梳理知识要点，构建知识网络的基本活动经验，培养学生对图形与几何知识学习的兴趣。

【教学重点】

掌握图形的特征和用数对表示位置的方法，正确进行图形的平移、旋转等操作活动。

【教学难点】

（1）熟练地完成图形的平移、旋转。

（2）掌握用数对确定位置的方法。

[①] 本课例由刘国文执教，顾长明评析，发表于《教育视界》2016年第6期。

【教具准备】

多媒体课件、作业纸。

【教学过程】

（一）自主问学，建构网络

1. 谈话引入

今天这节课，我们复习有关《图形王国》的知识。

2. 整体回顾

这学期，我们学习了图形王国的哪些知识？出示讨论题：

（1）图形运动的方式有哪些？举例说明。

（2）我们认识了哪些图形？

（3）怎样用数对确定位置？

要求：请同学们围绕这三个问题，先小组内讨论，并把有关的知识和方法整理在"整理卡"上。

学生开展小组活动，教师巡视。

3. 汇报交流

让各小组派代表到投影仪前展示本小组整理的结果，师生共同讲评，并对不完善的地方提出修改意见，形成如图1所示的导图：

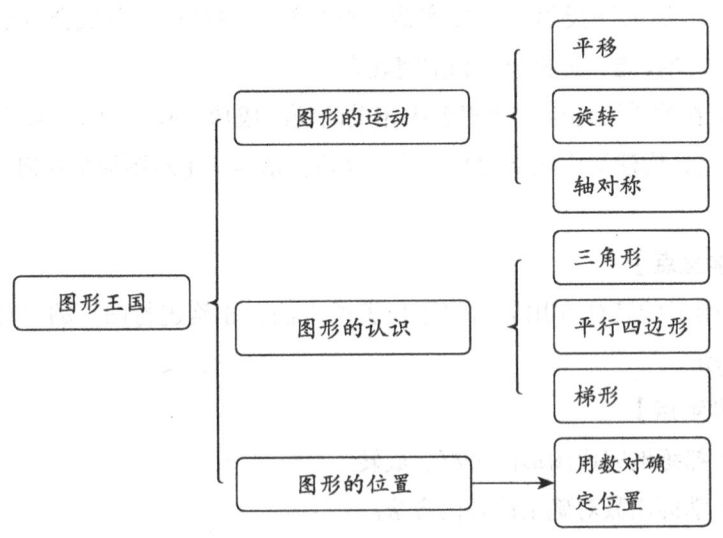

图1 《图形王国》的思维导图

（评析：本环节以教材设计的讨论题为引领，组织学生小组合作完成对已学知识和方法的整理。这样做可以充分发挥学生学习的主观能动性，促使他们积极而富有个性地展开思考和交流，完成对所学知识的重组与建构。在自主整理的基础上，安排充裕的时间让学生展示小组合作的成果，并通过师生讲评帮助他们逐步完善认识，优化知识结构。这样的安排，既能充分体现学生学习的主体性，又能营造师生、生生有效互动的学习环境，不会使整理活动流于形式。）

（二）问学结合，完善体系

1. 图形的认识

出示整理与复习第19题，如图2所示：

下面的两条直线互相平行。图中的3个图形各有什么特点？

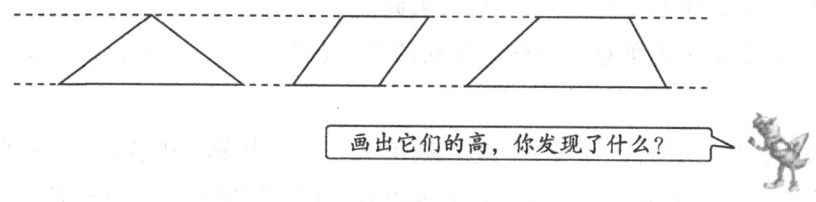

图2

（1）引导：这里的两条直线互相平行，大家说一说图里这3个各是什么图形？

小组讨论：3个图形各有什么特点？

交流汇报，形成表格，如表1所示。

表1　图形及其特征

图形	特征	
	角	边
三角形	3个内角的和是180°	两边之和大于第三边
平行四边形	对角分别相等	两组对边分别平行并且相等
梯形		只有一组对边平行

（2）引导：请在第19题里画出3个图形的高。

交流并呈现学生画的每个图形的高。

提问：你发现每个图形的高有什么共同的地方吗？他们的高相等吗？为什么？

总结：它们的高和底边都互相垂直，高和底边是互相对应的，具有"一一对应"的关系。

（评析：教师采取表格法总结的教学策略，让学生简洁直观地感受到了三种图形的联系与区别，使学生对图形的知识有了更深层次的理解，收到了温故而知新的效果。这一过程不是教师牵着学生甚至代替学生去完成，而是给学生充分的自主空间，先让学生独立思考，再在小组内交流整理，这样的设计，充分体现了"以生为本"的教育理念，实现了学生主动建构的教学目标。）

2. 图形的运动

出示操作要求：用学过的平面图形，选择平移、旋转、轴对称中的一种或几种图形的运动方式，在方格中设计你喜欢的图案。

（1）学生独立设计，教师巡视收集资料。

（2）学生选出平移、旋转、轴对称各一幅的作品，并进行投影反馈、交流。

提问：请同学们认真观察，这三幅图案分别是由哪种基本图形运动得到的？一个基本图形通过怎样的运动才能得到这样的图案？三位设计者先说一说，不准确的地方由其他同学再做相关补充。

追问：平移、旋转、轴对称这三种图形的运动有什么区别？

（3）小结、回顾。

师生小结三种图形运动方式的关注要素：

平移：方向、距离。

旋转：中心、方向、角度。

轴对称：对称轴。

（评析：让学生用学过的平面图形结合图形的运动知识设计图案，通过设计者的说明和其他学生的补充，既让学生回顾了平移、旋转、轴对称三种图形的运动方式，又使学生在欣赏图案的过程中对平移、旋转、轴对称三种变换的基本要素进行了系统整理，从而将学生记忆中零散的知识点串联起来，形成完整的知识结构，建立空间观念。）

3. 图形的位置

出示格子图（如图3所示，每一小格代表边长1厘米的正方形）：

以线段AB为底，找顶点C，在格子图中画出底4厘米、高3厘米的三角形。

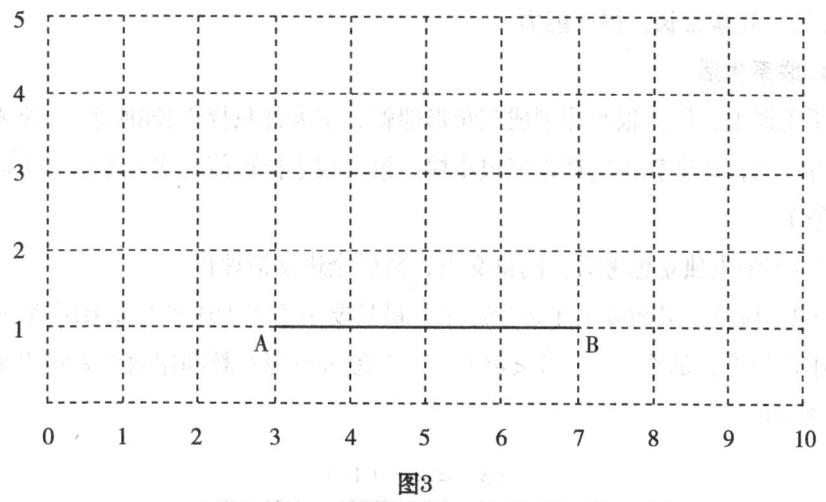

图3

（1）要求：用数对分别表示三角形顶点A、B、C的位置。

（2）引导：怎样用数对确定位置？你画出的是什么三角形？三角形可以分成哪几类？各有什么特点？归纳出示图4。

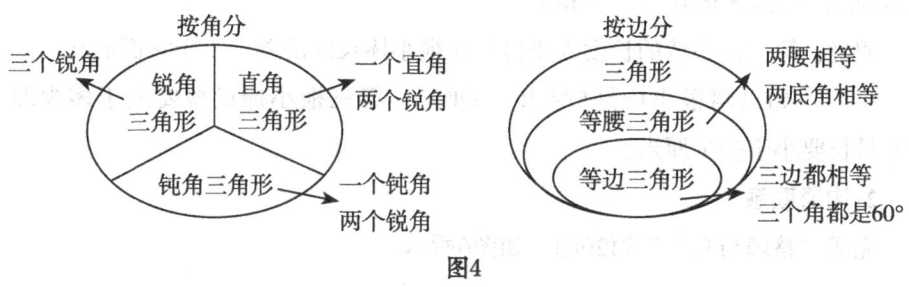

图4

（3）讨论：当顶点C在什么位置上时，这个三角形是直角三角形？在哪个范围内是锐角三角形？钝角三角形呢？这些三角形形状变了，什么是不变的？

（4）指出：这些三角形尽管形状发生了变化，但底都是4厘米、高都是3厘米，在数学上称为"等底等高"。

（评析：把数对与作图相结合，不仅复习了用数对确定位置的方法，同时，也让学生在动态想象中感受锐角三角形、直角三角形、钝角三角形之间的内部联系，在形状变了、底和高不变的辩证统一中进一步提升学生对三角形特征的认识。）

（三）问学相长，提升能力

1. 联系生活

手工课上，用三根小棒围成三角形船帆，王老师只提供长8厘米、3厘米的小棒各一根，让亮亮再选择第三根小棒。第三根小棒可能是多少厘米？（取整厘米数）

（1）学生独立思考后，同桌交流，然后全班反馈评价。

（2）讨论：最短要大于多少厘米？最长要小于多少厘米？如果用a表示第三根小棒长度，那么（　　）<a<（　　）怎么填写？教师用数轴表示出来，如图5所示。

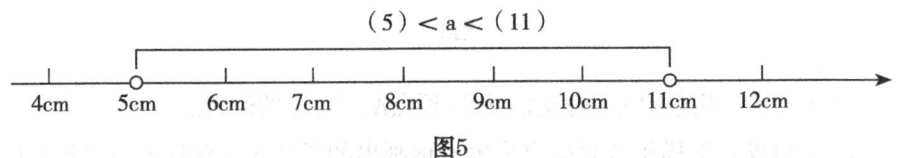

图5

（3）启发：观察一下，5厘米实际上是8厘米和3厘米的什么？（差）11厘米是8厘米和3厘米的什么？（和）

明确：第三根小棒的长度大于另外两根小棒长度的差，小于它们的和。

反问：如果两根小棒是5厘米、3厘米，第三根小棒最短要大于多少厘米？最长要小于多少厘米？

2. 沟通联系

完成"整理与复习"第20题，如图6所示。

下面每种小棒各有2根。
3厘米———————　　4厘米———————
5厘米———————　　2厘米———————

（1）任选3根小棒围成三角形。是不是都能围成？你能围出什么三角形，是怎样围的？

（2）要围出平行四边形，最多用几种不同的小棒？最少呢？你能围出的平行四边形改围成长方形或正方形吗？这些图形之间有什么联系？

（3）要围出梯形，最多用几种不同的小棒？最少呢？

图6

学生可以用小棒围一围，也可以用尺子画一画，然后在交流反馈中突出图形的特征，体会图形之间的联系。

第（1）题，交流：你选择了哪3根小棒围成的，围成了什么三角形？选哪3根小棒围不成？为什么？强调"三角形任意两边长度的和大于第三边"。

第（2）题，说明：因为平行四边形的对边分别相等，所以最多用这里的4种小棒各2根可以围成，也就是说，至少要用2种小棒，每种小棒各2根才能围成平行四边形。

第（3）题，说明：梯形只要有两边互相平行，4条边可以各不相同，所以最多可以用4种小棒围。梯形的两条底边不能相等，腰可以相等，所以最少要用到3种小棒。

3. 灵活应用

完成"整理与复习"第23题，如图7所示。

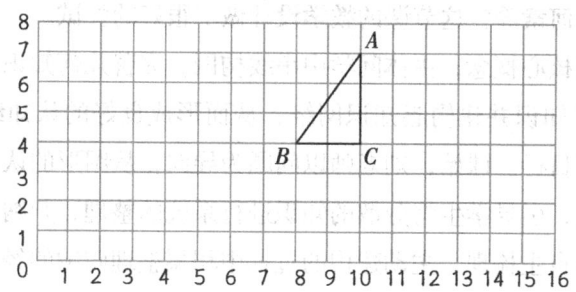

（1）用数对分别表示三角形顶点A、B、C的位置。
（2）把三角形向左平移7格，用数对表示平移后三角形各顶点的位置。
（3）把三角形依次绕点C顺时针旋转90°，分别画出第一次、第二次、第三次旋转后的图形。
（4）用A_1、A_2、A_3分别表示点A旋转后的位置，并用数对表示。顺次连接A、A_1、A_2、A_3、A，看看是什么图形。

图7

完成第（1）（2）题，提问：你是怎样确定三点的位置的？你是怎样向左平移7格的？

完成第（3）题，全班一起交流画出的图形，追问：在旋转时每次是怎样画出相应的图形？

完成第（4）题。

［评析：这组习题体现了综合性、灵活性、发展性，有利于完善学生的知识体系、提升其空间想象能力，以及有利于培养学生的实践能力和创新意识。第（1）题，联系生活实际，通过第三边选配范围的讨论，引导学生归

纳、提炼出选取三角形第三边长度的策略是什么，体现了思维的深刻性；第（2）题，学生在操作、思考和交流中进一步理解和掌握三角形的三边关系和分类，以及平行四边形、梯形的特征，发展了空间观念；第（3）题，把图形的运动和用数对确定位置相结合，突出提升学生的作图技能，在几何直观的基础上加深学生对平移、旋转、数对等知识的理解。]

（四）全课总结

略。

【教学反思】

四年级下册《图形王国》包含了图形的运动、图形的认识、用数对确定位置三块内容，知识点和技能点很多。那么，到了复习阶段，如何在复习过程中提升学生的几何素养？这节课的教学设计做了很好的尝试。

其一，关注核心概念，主体问学中串线构网，完善几何知识。

复习已学的知识并建构起知识网络，从而形成良好的认知结构，这是复习课的一个重要目标。课始，刘老师以问题为导向，从图形的认识、运动、位置三个核心角度，引导学生将分散的知识进行系统的整理、归纳，形成思维导图，学生在经历自主梳理、主动建构的过程中积累整理归纳的经验。接着采取练习与梳理相结合的方式，将那些有内在联系的知识点在分析、比较的基础上联"点"成"线"，"线"动成"面"，将整理的纵成线、横成面的知识链串联成网。比如，在梳理"图形的认识"环节，通过列表方式凸显三角形、平行四边形、梯形的核心特征，帮助学生建构了良好的网络知识结构。

其二，关注核心素养，分享问学中明晰联系，发展几何技能。

在《图形王国》的复习过程中，不仅要让学生懂得概念、记住性质，而且要注意发展学生基本的几何技能。教学中，刘老师特别关注多种形式的"几何表达"，从用表格梳理图形特征，到用集合图表示三角形分类以及练习，再到练习中用数轴表达第三边的取值范围，始终在向学生渗透如何使用几何语言进行描述和交流。另外，教学中更加夯实训练的一项几何技能就是"作图"，并且要让学生在作图中反思知识的来龙去脉，沟通其纵横联系，从整体上把握知识结构，提高几何核心素养。例如，画出三种图形的高，反思为什么它们的高相等，追溯到"平行线之间距离相等"；再如，在方格中画指定三角形，不仅与确定位置相结合，而且在"变中有不变"的动态想象中发展学生的数形集合思想，推动其运用几何解决问题意识的发展。

其三，关注核心价值，问练结合中多元评学，提升几何能力。

相对于"技能"而言，能力属于高阶思维活动。掌握基本的几何技能是学习几何的必要条件，但是要能够理解、应用几何，并进行创造，就需要高层次的几何能力。首先，是空间想象能力。刘老师的教学中注重让学生经历空间观念发展的过程，例如，用学过的平面图形，选择平移、旋转、轴对称中的一种或几种图形的运动方式，在方格中设计你喜欢的图案。其次，是推理论证能力。例如，练习第（2）题，根据梯形只要有两边互相平行，4条边可以各不相同，可以推理出最多可以用4种小棒围；根据梯形的两条底边不能相等，腰可以相等，可以推理出最少要用到3种小棒。

总之，这节课体现了以下三点：一是关注几何知识的系统化；二是关注几何应用的综合性；三是关注几何素养的核心性。整节课基于几何知识的逻辑结构去梳理，有助于深化学生对几何知识的理解，加强学生的几何技能培养，促进学生的几何素养发展。

课例2：《解决问题的策略——转化》教学实录与反思[①]

【教学内容】

苏教版义务教育教科书五年级下册第105~106页的例1和随后的"练一练"，以及练习十六的第1~3题。

【教学目标】

（1）在学生观察、操作的过程中，能将一个复杂的图形通过平移、旋转等方式转化成一个简单的图形，使学生初步学会运用转化的策略分析问题，并能根据问题的特点确定具体的转化方法，从而有效地解决问题。

（2）使学生在对解决实际问题过程的反思中，感受解决问题策略的特点和价值，进一步培养思维的条理性和严密性。

（3）使学生进一步积累运用转化策略解决问题的经验，增强解决问题的

---

① 本课例由许冰彬老师执教，是其在2017年江苏省小学数学课堂教学改革成果交流研讨会中的"问学课堂"示范课。

策略意识，获得成功的体验，感受数学的魅力，激发学生数学学习的兴趣。

【教学重点】

让学生在解决问题的过程中，初步领会转化的过程和特点，体会转化的价值，进一步增强解决问题的策略意识。

【教学难点】

引导学生针对具体问题寻找合适的转化方法。

【教学准备】

多媒体课件、作业纸。

【教学过程】

课前交流（传递问学精神）

师：大屏幕上显示的是什么？

生：问号。

师：是的，看着这个问号，关于老师，你有什么想知道的？

生：老师，我想问一下您姓什么？

师：还有吗？后面同学的问题不能重复。

生：我想问一下，老师你是哪里人？

师：还有吗？

生：老师，我想问一下，今天您教的什么内容？

师：这个问题与今天的学习有关。

生：老师，你在什么地方工作？

（点击课件出现相关内容。）

师：看大屏幕，刚才的哪些问题可以得到解决？

生：我可以解决老师姓什么的问题，老师姓许。

师：很好，你的问题他解决了，还有吗？

生：我可以解决老师是哪里人的问题，老师是连云港人。

师：还有吗？

生：我知道老师是连云港师专一附小的老师。

师：非常好，你把学校的名称说得很完整。连云港师专一附小，在我们的校园里，有这样一条美丽的长廊，大家看，这个长廊叫什么名字？

生：问学廊。

师：问学廊上有一副对联，谁来给大家读一读。

生：问所以明对错，学然后知不足。

师：怎么理解这副对联呢？

生：老师，我认为这副对联的含义应该是当你觉得自己不知道对或错的时候，你可以去请教别人，虚心请教才能知道是对的还是错的；不知道自己的学问是否充足的时候，你要增加自己的学习。

师：七班的孩子真棒，大家还有不同的意见吗？

生：我认为这副对联，问所以明对错，这一句它的意思是问了以后才能知道是对还是错。第二句，学然后知不足，就是学了以后才知道自己还有哪些不足的地方。

师：掌声在哪里？一千个读者就有一千个哈姆雷特。大家对这副对联的不同理解也让我们觉得，的确是问中有学，学中有问，今天，让我们带着"问学"的精神一起走进新课。好，上课。同学们好！

生：老师好！

师：同学们好，请坐。

（一）以问启学，发现问题

1. 出示材料

课件出示曹冲称象的图片材料，如图1所示。

图1　曹冲称象

师：同学们，谁能讲讲曹冲称象的故事？

生：三国时期，曹操收到孙权送来的一只大象，问手下，这只大象有多重？大家都愁眉不展，但是曹冲说他有办法。于是就让侍从将大象牵到一只船上，并用笔标出船吃水的位置，然后曹冲把大象抬出来，再一点一点地往上放石头，直到船到达标记为止。曹冲说，现在石头的重量就是这只大象的重量，曹操赞叹不绝。

2. 梳理问题

（1）针对材料自由提问，引出转化。

师：非常棒。这名同学完整地讲述了曹冲称象的故事。关于曹冲称象，你可以提出什么问题？那名同学，你试试。

生：老师，我想问曹冲那么聪明，把石头放在船上，而为什么其他人并没有想到呢？

师：这是一个问题，这名同学，你来提一个问题。

生：我想提的问题是，曹冲为什么用这种方法来测量大象的重量。这是一种什么方法？

师：为什么这样称？你来说明一下为什么。

生：这是一个大象，它是一个生物，它是会动的，而石头是不会动的，所以，他用石头代替大象。

师：谁来补充？

生：我要补充一下这名同学的说法，因为大象是一个整体的，不能被分开，而石头是一块一块的可以分开，所以它可以一点一点地和大象的重量做一个比较。

师：也就是说，在古代的时候，这么大的一头大象它的重量是不好测量的。曹冲便想了一个办法，把它转化为可测量的石头的重量。刚刚同学还说了，转化以后，石头的重量就是大象的重量。那么，转化前后，什么变了？什么没变呢？

生：老师，我觉得大象变了，大象的体重没变。

师：称的物体变了，但是它的体重没有变化。曹冲用这种方法把不可测量的大象的体积转化为我们可测量的石头的体积，从而解决了这个问题。之所以称赞他聪明，就是因为他想出了别人没有想出的办法，这是生活中的转化。在数学中也有转化，今天我们一起来学习数学中的转化。（板书课题）

（2）梳理关于转化的主问题。

师：关于转化，同学们想知道什么呢？

生1：我想知道怎样转化？

生2：我想知道什么可以转化？

生3：我想知道转化可以变为什么？为什么要转化？

生4：我想知道转化可以用于哪些数学问题？

师：根据大家的发言，我们大概可以梳理出这样三个问题：应用转化时怎样想？如何实现转化？转化怎么用？下面，让我们思考着一起来学习今天的例题。

（二）以学定问，提出问题

1. 出示例1，观察图形的特点

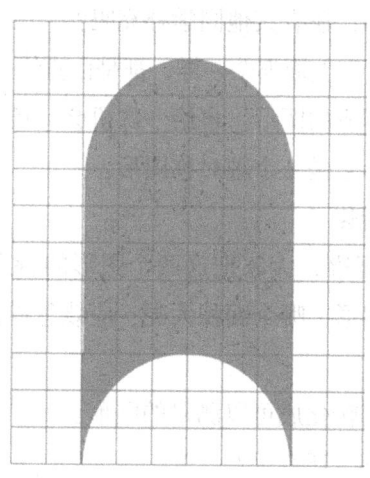

图2

师：如图2所示，这是一个方格图，每个方格的面积是1，有这样一个图形，谁能说说这个图形的特点？

生：这个图形是由直线和曲线形成的。

师：非常准确。

生：它是一个轴对称图形。

师：还有呢？

生：这个图形是一个不规则图形。

师：不规则就是刚刚那个同学说的什么？仔细观察图形的特点，记在心里，再看第二个图形（如图3所示），它有什么特点？

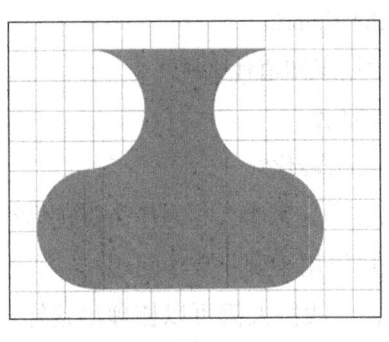

图3

生：我认为这个图形很像花瓶。

师：样子像花瓶，还有吗？

生：我认为这个图形也是一个不规则图形。

师：也是不规则图形，还有其他同学补充吗？

生：我发现这个形状和上面那个一样，都是由直线、曲线、弧线组成的。

师：由直线和曲线围成的图形。再给一次机会，还有想说的吗？

生：我发现这个图形它是一个轴对称图形。

2. 确定方法，尝试转化

师：同学们非常会观察，大家把这两个图形的特点说得非常准确。但老师有一个问题，这两个图形，哪个面积大呢？应该怎样去比较这两个图形的面积呢？

生：我们可以把它们转化成可以测量的图形。

师：可以测量的图形，还有吗？

生：我觉得可以通过我们以前学过的数格子的方法来估计这个面积。

师：也不错。

生：老师，我认为通过平移和旋转可以让这两个图形变得相同。

生：可以变成一个规则图形，这样就方便计算它们的面积。

师：试试吧。有的同学说用数格子的方法，有的同学说能不能把它从不规则向规则的图形做转化。请同学们拿出桌子里的练习纸，找到例1，拿出笔，试一试。

（三）以问探学，分析问题

1. 交流展示中自问、解问（第一个图形的转化）

师：我们请一名同学说说，刚刚用数格子的方法先来汇报。

生：我用的是数格子的方法，先看图2中阴影部分的图形，先数整格，整格数完后一共有38个。剩下的这些不够1格的图形我们可以把它看作半格来计算。半格图形一共有20个图形，由于它不是半格的，所以我们把它除以2，38加10等于48，所以这个图形的面积是48。

师：刚刚这名同学介绍了数格子的方法，对他的观点你有什么问题吗？

生：老师，我想问一下，这个格子如果不是够半格的，数出来可能会有偏差。

师：如果出现偏差，会有什么结果呢？

生：那么，这个图形的面积就不是它本来的面积了。

师：还有什么其他问题吗？

生：我想问一下这名同学，如果半格的个数是单数，没法除以2，怎么办？

师：请回答她的问题。

生：这个图形的下半部分是两个类似三角形的图形，然后我们再仔细看这两个图形，它们正好可以与图形上方的半圆阴影部分拼成一个完整的图形。

师：大家听懂了吗？怎么做到的？

生：可以把下方的两个小图形移到上方，或者把上方的半圆阴影部分移到下方，所以图形的面积是8×6=48。

师：大家有没有什么问题？

生：我想问一下，为什么她和原先那名同学转化的方法不一样？

师：那对于他们俩的两种转化方法，哪个更简单？

生：第二个。

师：关于这名同学叙述的转化过程，你有什么要问他的吗？

生：我想问一下，转化后，就是平移的图形和空白部分相等吗？

生：如果从这个图形看的话，它是相等的。把这个往上移一点，还是这个图形。

师：他的回答你满意吗？老师有个问题，你是怎样找到切割这一块平移的？

生：因为这个阴影图形上方的空白部分有3行格子，它下面的阴影部分也是3行格子，所以就把这个移到这儿来了。

师：后面那名同学你有什么想说的？

生：老师，我想给他补充一下，其实，不一定要是3个格，也可以到5个格，6个格，就是下面一点点，切割平移后他们的面积都是一样的。

师：你的方法和只切割3格相比，哪个简单？

生：3格。

师：为什么切割3格这个部分更简单？

生：因为3格切割的最少，我们可以看这个图（如图4所示），它中间是少一块的，如果想简便的话，移3格就可以了。

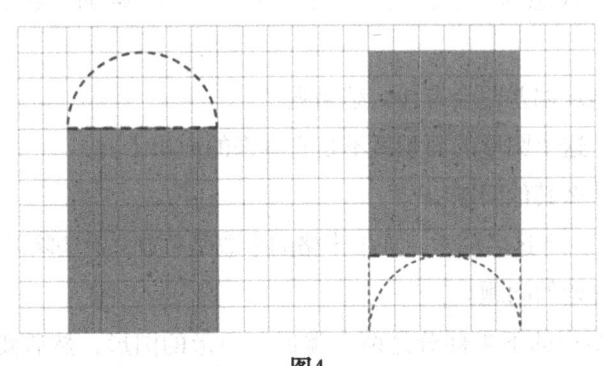

图4

师：好的，同学们，刚刚这名同学的方法，我们来展示一下。将上面这个半圆切割平移，需要平移几格？

生：8格

师：平移了8格，把它转化成了一个什么？

生：长方形。

师：转化成了一个长方形。刚刚也有同学说，还可以怎么转化？

生：把下面的这个平移到上面去。

师：大家看，刚刚这个图形用了平移的方法，把原来的图形转化成了长方形。那么，在转化的过程当中，什么变了？什么没变呢？

生：我认为这个图形变了，但是这个图形的面积没有变。

师：有没有其他补充。

生：老师我认为它本来是个不可测量的、不规则的图形，但是我们将它转化之后，它就变成了一个可以测量的、规则的图形。

师：你说。

生：我认为这个图形的周长也变化了。

师：周长变化了，形状也变化了，但面积没有变。在转化的过程，我们没有改变原来面积的大小。第一个图形转化成了长几宽几的长方形？

生：长8宽6的长方形。

2. 精讲点拨中追问、反问（第二个图形的转化）

师：我们继续第二个图形（如图3所示），谁来？

生：第二个图形我用了两种方法，第一种是平移，将阴影图形的左边和右边的半圆阴影部分切割开来，然后再把切割的两部分，平移到其对应合适的空白处，正好可以拼成一个完整的图形。

师：其他同学有补充或是问题吗？

生：我听懂了，但是我想问他一个问题。我有点看不懂，他有两种方法，我怎么看就是这个部分平移到这里，第二种方法是不是把这一块旋转到这里，另外一块旋转到这里。我认为这是旋转加上一个平移。

师：其他同学的意见呢？

生：我要给我的同桌补充，如果这个旋转，它是围绕这个点旋转，这个旋转，是围绕这个点旋转的。

师：旋转完后，需不需要平移？

生：不需要。

师：好。旋转点找到了，那么它旋转了多少度？

生：180°。

师：旋转有三要素，旋转的方向呢？大家用手比划比划。

生：顺时针。

师：全是顺时针？

生：一个顺时针，一个逆时针。

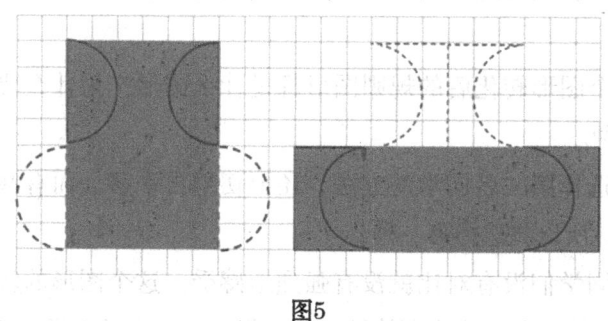

图5

师：切割出的两个部分怎么旋转。用手比划一下。他还提出，这个还可以用平移，平移行不行。

生：行。

师：平移也可以达到转化的目的。这两种方法中，平移的方法简单还是旋转的方法简单？

生：旋转。

师：还有没有不同的方法。

生：老师，我是把阴影图形的上方这一块切割掉，切割下来的图形再平均分成两份，然后把这两部分分别旋转到下方，拼成了一个完整的图形（如图5所示），而这个图形是个12乘以4的长方形，它的面积也是48。

师：有人对你发问了。

生：老师，我觉得他的方法有点麻烦。

师：你说说看。

生：他要画两道线，而且他还要旋转，我这个方法只要旋转就够了。

师：他的观点最主要是要画线。还有其他问题吗？

生：老师，我觉得这名同学的方法和刚才的同学的方法差不多。

师：跟线有没有关系呢？还有什么其他问题？

生：我认为第一名同学画出来的，我一看就能看出来，第二名同学的方法要仔细地观察一下。

师：有没有听懂她在说什么？

生：第二名同学的方法不是复杂，而是如果他不测量的话，可能会有误差。我觉得第一名同学平移和旋转的方法是比较便捷的。

师：这名同学，你来说。

生：老师，我认为这个图形如果是不规则的图形，还能按照这种方法来做吗？

师：这两个图形转化后的规则图形都是什么图形？为什么要选择这种，而不选择另一种。

生：如果选择第二名同学的方法，还要切割再平移。而有些方法是一眼能够看出来的，所以我选择第一种。

师：可能同学们没有对比就没有强烈地感受。这个图形的转化方法是我们先回顾一下。第一种，将半圆旋转上去，组成了一个长方形，长几宽几？

生：长8宽6。

师：第二种，把上面的部分切割进行重组，转化成一个长方形，这个长方形长几宽几？

生：长12宽4。

师：那么，对于这两个图形，我要去和第一个图形进行比较。你会选择哪一种？

生：第一种。

师：刚刚在图形的转化过程中，什么变了？什么没变？

生：形状变了，面积没变。

师：我要比较原来两个图形的大小，现在只要比较什么？

生：转化后的图形。

师：可以得出什么结论？

生：这两个图形的面积相等。

师：回顾我们转化的过程，你有什么体会？

生：老师，我认为通过转化可以使复杂的图形变得简单，从而更容易计算。

生：我认为，在转化的过程中，我们要找那个不变的量，转化能使原本复杂的东西变得简单，使未知的东西变成已知。

师：非常好，还有什么？转化时我们采用了什么方法？

生：转化的时候可以用平移和旋转的方法进行转化。

（四）问学合一，解决问题

1. 问中有学

（1）练习。

用分数表示图6中的阴影部分。

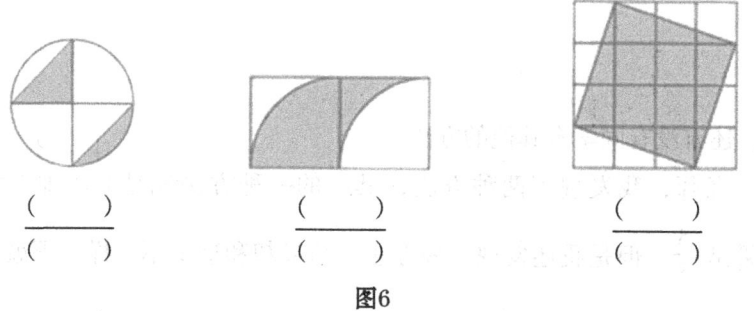

图6

逐题出示完成，学生口答，并说明转化的方法和过程，以及为什么要进行转化。

师：大家想试一试吗？拿出习题纸，做一做。

师：好了吗？第一题，谁来试试。

生：第一题，把三角形平移到下面，就变成了整个图形的 $\frac{1}{4}$。

师：第二题呢？

生：第二题可以把右边的图形平移到左边的空白部分，这样一来，阴影部分就是整个图形的 $\frac{1}{2}$。

师：除了这样平移还有其他方法吗？

生：可以将左边的图形移到右边的空白部分，同样，阴影部分是整个长方形的 $\frac{1}{2}$。

重点引导第三个图，设置问题群引导学生得出结论：位置改变，面积大小不变。

师：第三题，你来说。

生：我把上面的三角形（空白部分）平移到下面，把右边的三角形（空白部分）平移到左边。

师：有没有同学能按照他的想法接着往下说。

生：也可以把下面的三角形（空白部分）平移到上面，把左边的三角形（空白部分）平移到右边，如此空白部分的面积正好是6，大的正方形的面积总共是16，阴影部分的面积也就是10，所以阴影部分占整个图形的 $\frac{10}{16}$，约分后是 $\frac{5}{8}$。

师：还有没有同学有其他的方法。

生：老师，我发现了两种方法，其中的一种方法就是刚刚那个女孩说的，结果是 $\frac{5}{8}$。但是我还发现一种方法，结果却和这个不一样。那就是把这个正方形旋转，得出的结果是 $\frac{9}{16}$。但是，我觉得这样不是很精准，不敢确定。

师：其他同学对此有什么看法呢？

生：老师，我认为这道题是不能通过旋转来做的。因为这个图形旋转后并不是一个正好的正方形。我们如果要旋转一下，就多出了一点，它就不是绝对的 $\frac{9}{16}$，其实是比 $\frac{9}{16}$ 还大一些。

师：接着说。

生：我同意我后面同学的说法。首先，你用你的肉眼来看，你这样旋转过来，并不能确定是一个正方形，也就更不能确定阴影部分的面积是9。

师：有什么方法可以解决这个问题吗？

生：老师，我有方法验证。因为这个图形只要一旋转就旋转出去了。旋转之前，图形的这个角已经在这个边上了，只要一旋转这点就转出去了。因为在没旋转之前，它已经在角上了。

师：他的说法怎么样？本来图形是这样，转完以后这个点肯定出去了。还有没有同学有其他的想法呢？

生：老师，我认为这道题还有另一种方法，如果你仔细看一下这个阴影部分的正方形，你会发现它是一个弦图。我们可以先数整格的面积，面积是4个小正方形，然后外面有4个三角形，每个三角形的面积是1.5，4个就是6，加上中间的4个就是10。

师：这名同学的思路很顺畅，知识也很丰富。这个图形确实是我们中国古代最有名的弦图。那么，我们来看这个图形，刚刚同学有个疑问，一直没有解决。这个图形它转出去了，除了观察这个点，还可以看什么呢？刚才同学提到的三角形，旋转之前，阴影部分图形的边长在哪里？转完后9格的正方形的边在哪里？这两条边在同一个三角形中，二者有什么关系呢？

生：在直角三角形中勾三股四弦五，斜边比直角边大。

师：所以当你旋转过来后，涂色部分的长度会超出3格。老师的这种方法不如刚刚那名同学的观察。他观察到原来正方形的角已经在大正方形的边上了，再转就出去了。而且老师也非常欣赏刚刚好多同学指出的其他方法，我们可以来看这个图形的空白部分，也可以把这个三角形进行切割、旋转，从而拼成一个完整的图形，这些都是解决问题的方法。

（2）教学"试一试"。

① 自主读题，弄清题意。

②启发：如图7所示，观察这两个图形，他们有什么特点？你打算用什么方法解答这个问题？

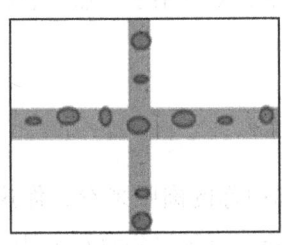 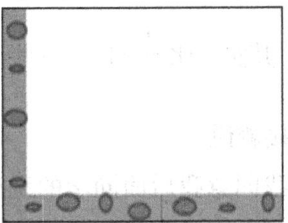

图7

③学生尝试自主解答。

④师生进行交流反馈，重点引导学生说说自己是怎样转化的，也可借助教具或多媒体呈现转化的具体过程。

师：在我们的生活中也有这样的问题，大家自己先读题目，观察这两个图有什么特点。

生：这两个图上的纸条宽度都相等。

师：还有吗？怎么比较他们的面积？二者面积相等吗？先给我一个结论。

生：我们可以把左图中的中间交叉的两个图形分别平移到最左面和最下面，这样两个图形就完全一样了。

师：还有其他补充的吗？

生：我想给他补充一下，就是也可以转化右边的图形为左边的图形。

师：那名同学，你说。

生：我还想说，因为纸条的宽度都相等，其中一个纸条是长方形的宽，而另一个纸条是长方形的长。题目说是同样大小的长方形，所以两个长方形的宽和长都相等。所以，这两个的面积肯定是相等的。

师：宽度是相等的，即使不经过平移也可以判断出来。

⑤引导反思：用转化的策略解决这个问题有什么好处？

（3）练习第一题。

①出示题目，独立完成。

②启发思考：如图8所示，图形比较复杂，我们可以采用什么样的策略解决这个问题？在进行转化时，右边图形的什么不能变？

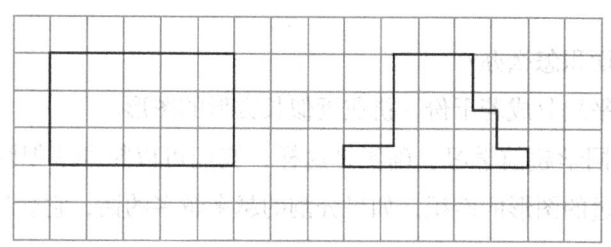

图8

③学生独立尝试解答。

④师生进行交流反馈,重点说说具体的转化过程。

师:与原来的面积转化不一样,我们怎么计算右边图形的周长。

生:把这条边平移到上面,接着把这条边平移到左边,对这些边进行不断的平移后就可以得到和左边图形完全一样的长方形。

师:有没有问题要问这名同学?

生:老师,我想问一下这名同学,如何在平移之前确定这两条边是一模一样的长度呢?

⑤引导反思:前面我们解决一个与面积有关的问题,这里有一个与周长有关的问题,想一想,运用转化策略解决这个问题时需要注意什么?

2. 顺学而问

谈话:在以前的学习中,在哪些地方用到了转化的策略?

学生口答,课件进行相应的演示。

(1)关于图形领域的转化。

师:平移时没有改变边的长度。我们刚刚运用转化做了好几个题目,那么,大家仔细想一想,在我们学习的过程中用转化策略解决过哪些问题?我们先说说图形领域的。

生:我们在求三角形面积的时候,把两个三角形拼一拼,转化成了平行四边形。

师:还有吗?

生:梯形的面积公式,也是将梯形的面积转化成平行四边形的面积。

师:还有吗?

生:平行四边形的面积转化为长方形的面积。

师:最近你们在学习什么内容?

生：圆。

师：圆的面积怎么办？

生：将圆平均分成若干份，拼成近似长方形的图形。

师：这位同学超前学习，确实是这样，我们可以想办法把圆的面积转化成我们已经学过的图形的面积，如果分割的越来越多的话，它会越来越接近长方形。

师：同学们，今天我们学了转化，回忆我们所学内容中的转化，其实转化是我们解决问题过程中非常重要的策略。

（2）关于数与计算领域的转化。

追问：刚才同学们所举的事例都是有关图形间的转化，在数和数的计算中又有哪些转化呢？在数和数的计算领域会用到转化吗？

生：分数乘以整数，分数是 $\frac{99}{100}$，乘以99，难以计算，变为 $\frac{99}{100}×(100-1)$，这是运用简便计算。

师：这既是简便计算，又是运用转化策略。还有吗？

生：在学习小数乘除法时，把被除数和除数转化成整数计算。

师：还有吗？

生：异分母分数加减的时候，把它转化成同分母分数计算。

生：有些路程问题也是可以通过转化来进行计算，比如说1千米=1000米，1小时=60分钟。长度单位的换算，可根据我们的需要进行转换。

小结：无论是图形的面积、周长，还是数的计算，在探究未知的过程中，转化都有什么共同的特点？（板书：未知 ——→ 已知）

3. 由问成学

思考下面的问题该如何解决？

（1）怎样测量一个土豆的体积？（把土豆的体积转化为水的体积）

（2）怎样测量一片树叶的周长？（化曲为直）

（3）怎样测量一张纸的厚度？（化少为多）

师：转化在我们的生活当中起着重要的作用。比如，测量一片树叶的周长，我们应该如何？

生：我们用到转化，就像前面的例1一样，它们都是不规则的、不好测量的图形，我们把它转化成为规则的、可以测量的图形就可以算出它的周长。

师：这种方法可行吗？有没有不用破坏树叶的方法。

生：用一根绳子把它围住，把它不可测量的周长转化成测量绳子的长度，绳子的长度就是树叶的周长。

师：化曲为直。那如何测量一张薄薄的纸的厚度呢？

生：把很多张这样的纸叠放在一起测量它们的厚度，然后用量出的厚度除以纸的张数。

师：化少为多。

师小结：还有"巧测容积"等故事。看来，生活学习并不缺乏转化，关键是大家有没有转化的意识。同学们，今天这节课学习了什么？有什么样的收获？临下课，写一段送给同学们，并与同学们一起共勉。

转化在我们学习生活中发挥着重要的作用，转化能够打开思维，启迪智慧，正如《易经》中所说，"穷则变，变则通"。希望我们在今后的学习中，遇到困难，不要放弃，迎难而上，在"山重水复疑无路"的时候，运用转化的策略（如图9所示）创造出"柳暗花明又一村"的景致！

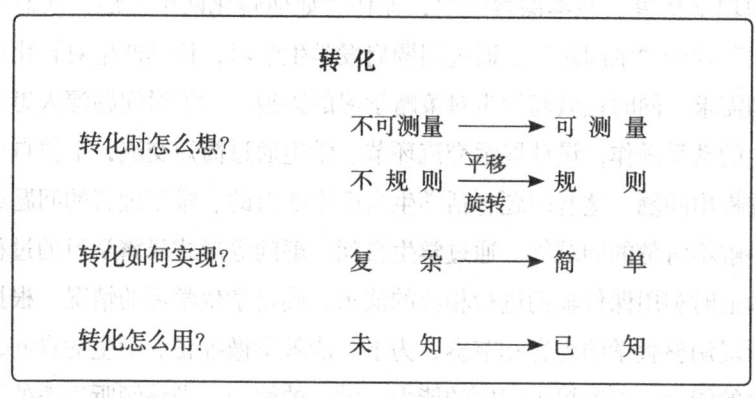

图9

【教学反思】

解决问题的策略是苏教版教材的特色单元。"问学课堂"是以问学为主旨的课堂，是以"问"为支架的学习方式，也是一种变革范式，指向学生的深度学习，发展学生核心素养以及关键能力的形成。用问学的理念来指导解决问题策略单元的教学，有助于培养学生发现、提出、分析和解决问题的能力。在用转化解决问题的策略教学中，教学设计分为"以问启学""以学定问""以问探学""问学合一"四个环节。

1. 以问启学，产生需求

"问学课堂"是基于问题导向的课堂，问题的创设非常重要，教师应创设一定的问题情境，学生在情境中确定所要研究的问题。本课开始先以阅读曹冲称象故事为例，引导学生阅读材料，提出不同的问题，通过对曹冲称象过程的细致回顾，让学生初步感受将大象的体积转化为石头的体积的过程。为什么要这样称？第一个问题是将称象的过程具体展开，让学生在过程中再次体会问题的提出、问题解决的局限性、问题解决的方法和指导思想等。第二个问题主要指向如何转化？转化在数学上怎样用？转化的价值是什么？等内容，并聚焦于转化思想的理解。通过学生对转化过程的描述，加深对转化过程中重量不变这个关键点的理解。本课的问题来源于学生对阅读材料的思考，问题的表述是学生对阅读材料思考结果的一种集中与概括，由思考产生的疑问引发的一种学生求知、求解的愿望与要求。

2. 以学定问，汇报展示

用问题引领学生学习，容易激发学生对数学学习的兴趣，也为学生探究数学知识埋下伏笔。在本课教学中，抓住"如何转化两个图形，从而比较面积哪个大"这个"主问题"。通过问题启发学生学习，让其产生对转化策略学习的心理需求，同时也激起学生对策略学习的兴趣。学生对问题深入思考后，引导学生的动手操作，设计展示交流环节。学生通过简短交流，汇报自己的学习成果并提出问题。这些问题包括学生自己不明白的、难于理解的问题或者是交流中讲解不清楚的问题等。通过学生自问、解问等形式暴露学习的过程和结果，教师适时利用课件辅助进行相应的演示，确定学生学习的情况，根据获得的学习情况调整教学的内容和节奏，为下一步教学做准备。学生的自问，训练数学表达的能力，培养提出问题的能力；学生的解问，训练倾听思考的习惯，培养主动学习的意识。

3. 以问探学，精讲点拨

问以学为基础，问是开启知识殿堂的金钥匙，问是发展思维的助推器，问是生成智慧的催化剂。本课中根据学生在学习过程中产生的三种转化的图形，通过对比，明确为什么要选择转化为长方形而不是其他图形。在此过程中，启发学生通过追问、反问等形式，对本课的核心问题进行深入思考。同时通过教师的精讲点拨，让学生感受到转化策略的本质是将复杂的问题转化为简单的问题，将未知转化成已知。学生对问题的不断追问，启发对学科知识深层次的思考，培养学生的质疑精神；学生对问题的不断反问，训练批判性思维方式，培养分析问题的能力。

4. 问学合一，互动生成

问学，因问而学，由问成学。在问题中引领学生学习，不断对问题的本质进行深入的理解，突出对转化思想的理解。本课教学的转化不仅是问题解决的一种方法，更是一种重要的数学思想。上面三个板块的学习之后，学生只是初步感悟转化的策略，对转化策略的学习仅停留在方法层面上。因此，要将转化策略教学的落脚点放在转化策略的广泛应用上，将转化由方法的层面提升到数学思想的高度上。而这些教学目标的实现就体现在练习和反思的环节中，通过不断迸发新的问题，产生新的想法、新的思路，通过与同学、教师的交流逐步加深对转化策略的感悟。"问学合一"不仅培养学生发现和提出问题的能力，在一定程度也提高了学生分析和解决问题的能力。"问学合一"不仅要求教师在充分预设的情况下具有灵活处理生成的能力，更是对教师分层教学和因材施教的必然追求。从生活中来，回到生活中去，加深学生对数学文化的理解和数学思想的感悟，培养学生解决问题的能力。

英语课例样态及实施反思

6A Unit 3《It was there!》第一课时教学实践①

【教学内容】

牛津小学英语6A Unit 3《It was there!》（Part A）对话。

【教学目标】

1. 知识目标

（1）掌握四会单词excited，以及三会单词、词组look for，take some photos，a camera，Sports Day，a running race。

（2）初步理解课文内容，能正确地朗读课文。

（3）能正确区分一般现在时态和一般过去时态，并在具体的语境中正确、灵活地运用。

2. 技能目标

（1）在课文的理解过程中，培养学生的听力和理解能力。

（2）培养学生在具体的语境中正确运用本单元所学句型进行交流的能力。

3. 情感目标

引导学生养成细心照看好自己物品的良好习惯。

【教学重点】

（1）掌握三会、四会单词和词组。

（2）理解课文内容，并灵活适用时态。

【教学难点】

（1）能正确区分和运用excited与exciting。

---

① 本课例由尹园老师提供。

（2）能正确区分一般现在时态和一般过去时态，并在具体的语境中正确、灵活地运用。

【教学准备】

自制PPT课件、录音机、照相机、福娃、贴纸、胶卷等实物。

【教学过程】

（一）师生互问，以问启学

Step1：Warming-up

师生对话Free Talk为Sports Day做铺垫。

① T：Good morning, boys and girls.

Ss：Good morning, teacher.

T：Nice to meet you.

Ss：Nice to meet you, too.

T：What day is it today?

Ss：It's Monday.

（设计意图：师生用Hello打招呼、握手，由于是借班上课，教师和学生并不熟悉彼此，打招呼、握手有助于增进彼此的感情，拉近彼此的距离。）

② T：We know that we held the Olympic games in Beijing in 2008. Ok, let's look at a cartoon about Fuwa（福娃），看福娃奥运宣传片，以此引出单词excited, exciting。

（设计意图：福娃既是奥运吉祥物，又是小学生最喜欢的玩偶，笔者在四月份去扬州学习时听了一节扬州新东方外国语学校教师的展示课，发现学生非常喜欢福娃，很受启发。如此设计，让整节课的开场就深深地吸引住学生。）

（二）以学定问，呈现文本

Step2：Presentation

师生对话Free Talk为Sports Day做铺垫。

① T：Do you like sports /running?

S: Yes, I do. I took part in a running race last week in our school.

（设计意图：将真实的事情引入英语"问学课堂"是最真实、最贴近学生生活实际的教学情境，有助于和学生建立起共鸣。）

② Suggest it is Sports Day today. I invite some Fuwa to our class to take part in the sports meeting.

Do you like them? What's his name? What are their names?

T: But Beibei is very naughty. Where is it now?

S: It's in the desk（师把福娃先藏于书桌里）

T: Let me see. No, It isn't there. It was there a moment ago.

S: It is in the bag.

T: Good.（给福娃贴纸奖励）

（设计意图：教师先请学生闭上眼睛，把福娃先藏于书桌里，然后让同学们寻找物品在何处，以此呈现过去式，并用福娃贴纸奖励，培养每名学生的积极参与意识。）

③T：（出示相机）Today I'm so excited. I bring this one. You know what's this?

S: Camera.

T: But where is my camera? It isn't there. It was there a moment ago.

（Work in pairs）让同学们用自己的文具进行句型操练，然后请四组同学问答。

（设计意图：学习词组a moment ago，拍照是一个插曲，可以在完整呈现这个场景后再教单词。a moment ago需说明词语意义，并对ago进行适当拓展，同时便于引出just now。）

T: I also have two friends/dolls.

Where are they now?（师把福娃藏于黑板后）

S: They are in / behind...

T: Let me see. No, they aren't there.

They were there just now.

（课堂生成：一名同学将behind the door说成 on the door，教师立即引领全班同学说："On the door? Really? Let's look at the door, They are behind the door."）

T: Ok. I am going to take some photos with my camera.

Oh. I forget something. Aha. It's here.（师拿出两个胶卷）

What are these?（呈现复数）

S: They are films.（学生表演）Let's give them a warm hand.（全班鼓掌）

（Work in pairs.）

T: I also bring a diary. Oh, I'm so careless.（师不经意地将日记本掉在地上，引出短语pick up）

Can you pick it up for me, please?

Ss: Ok.

T: It's time for you to hide and guess.

(Work in groups.)

(设计意图：悄悄转移某名学生的"东西"，请大家猜"东西"原来在哪儿的？最后由那名学生说出正确答案。用学生喜闻乐见的游戏形式巩固本节课所学内容，游戏中可以任学生发挥，让学生轻松地运用语言，发挥他们的观察、记忆、思维和想象能力。）

（三）以问探学，问中有学

Step3：Text（学习Part A）

（1）课件呈现引言部分图片。

T: Let's look at the picture. There are so many students.

Who is the girl? What are they doing?

Before you listen. I will give you two questions.

（以问题引领的方式进行分段语篇教学。）

Q1: What are they watching?

Q2: What is Su Hai looking for?

（课件中出现Part A部分动画，生看动画。）

T: Ok. Who can tell me about the answer?

S1、S2：回答问题，答案中再次巩固四会词组。

再听一遍学习词组exited, running race...

（设计意图：让学生带着问题听录音，有利于学生全神贯注学习，并对有用信息加以记忆。）

（2）A前学习。

T: First, Let's look at the screen. Here is a choice about the dialogue.

Let's listen. What are Su Hai and Su Yang saying?

（先静听，再一句一句跟读。）

（设计意图：不能将课文上成阅读理解课，教师采用多种形式如选择题的形式，使学生不觉得枯燥。）

（3）A后学习。

T: After Su Hai has got her camera. She wants another thing. What are they saying?

Listen and answer.

（先静听Q1、Q2、Q3，再一句一句跟读。）

齐答Q1后，师让一名学生提问Q2、Q3，其他学生举手作答，答对者奖励贴纸。

（4）最后，学生一起跟录音齐读。

T：You can read the text with the screen.

再分小组读，男女读。

（四）顺学而问，问学合一

Step4：T or F

1. 判断下列句子与课文内容是否相符

T：Now let's look at 4 sentences. Watch the cartoon and give the judge.

请同学站起来读句子，然后说答案。

（设计意图：安排此环节旨在使学生从整体上了解全文。）

2. sing a song

T：Just now we have learnt so many things. We're very tired.

Let's have a rest. Ok，sing a song.

Just now Miss Yin has last the diary. Let's find them.

（播放歌曲，第一遍齐唱，第二遍改编歌词，请一名学生起立带唱。）

（设计意图：本歌曲是本单元的内容，学习歌曲既可以营造学习英语的氛围，又可以为新知识的学习做铺垫。通过改编歌词，将本课重点词组编进歌曲中，朗朗上口，便于学生记忆。）

（五）互动生成，问学相融

Step5：Complete the sentences

T：Let's look at the screen. Before class Miss yin gave each of you a sheet of paper，take out your exercise paper，fill in the blanks according to your memory.（点击轻音乐，放松答题）

T：Have you got it? Who can tell me the answer? Good!

Now you can choose every part to act. If you can't，you can just look at the screen，clear?

请两组同学上台表演。

（设计意图：到课的后半节，学生已经对课文有了大致了解，教师可以在学生答完 sheet paper 之后，请他们根据 sheet paper 进行表演。）

Step 6：Summary

T：This class we have learnt so many things.

Let's look at the Book.

（设计意图：总结对于高年级学生是非常有必要的，因为每节课他们要学习许多零散的知识点，教师有必要在课的结尾对其进行一定的归纳整理，方便学生更容易地消化、吸收知识。）

Step7：Homework

（1）必做题：朗读并抄写所学单词和句子。

（2）选做题：请模仿C部分用英语编写一个对话。

板书设计：

Unit 3《It was there!》

exciting——事　　Where was ... a moment ago?　　Where were ... just now?

excited——人　　It was ...　　　　　　　　　　They were ...

【教学反思】

本课的教学内容主要是be动词的一般过去式以及对课文教学的处理和把握，围绕"寻找物品"这一话题开展"问学课堂"教学，从运动会入手，引出寻找物品这一话题，语言的交际性和实用性均较强。教师在教学中要尽量结合学生的实际情况，创设既符合学生心理特征又很自然的活动情境，让学生在情境中学会交际，在交际中学会语言。课堂是教师与学生心灵交流的神圣阵地。教师的每一个眼神、每一句语言、每一个细微的动作，都会对学生产生潜移默化的影响。所以，教师每节课都要和学生有真正的、自然的、和谐的交流，而不是为了公开课虚假、做作地与学生交流。另外，在课堂上尽量创设真实、合理的教学情境，并且小组讨论不要流于形式，要给学生思考的时间、空间，真正做到扎扎实实，不浮于课堂嬉笑热闹的表面。本节课也有许多不足之处，师专一附小的陈晴老师在点评时也指出：前面对知识点的铺垫做得很到位，为后面的课文教学铺平了道路，但对于Part A若纯粹上成阅读理解课也不太可取，教学形式应当多种多样，且拓展的时间不够充裕，要将Part A在一节课讲完是非常困难的。所以，教师要多下功夫，想出更加合理的处理Part A教学的方法来。

科学课例研究及实施反思

在"问与学"中发现事物的本质[①]
——《声音是怎样产生的》教学设计和评析

【教材内容】

从课标领域看,本课内容属于课标"物质世界"领域中的内容。"物质世界"是由"物体与物质""运动与力""能量的表现形式"三个部分组成,本课是围绕"能量的表现形式"这一主题内容建构的。"能量的表现形式"由"光的传播""声音的产生与传播""热现象""简单电路""磁现象""能量的转换"六个部分组成。《声音是怎样产生的》是物质世界的重要组成部分,是能量的一种表现形式,对学生感知和认识声音现象、理解声音在自然界的普遍性、体验能量的表现形式起着非常重要的作用。通过对声音现象的探究,能够引发学生对日常生活中对于声音的关注,从而了解声音对日常生活的影响,意识到声音的重要性。

从内容安排看,《声音是怎样产生的》是苏教版科学课四年级上册第三单元《奇妙的声音王国》第一课时的内容。本课在本单元承担启下的作用,主要探索声音是怎样产生的,为后面《声音是怎样传播的》《不同的声音》等课时的探究活动做好充分的准备。围绕当下科学教育提出的"建构理解科学上有关的一些大概念,包括科学概念和有关科学本身的概念"的理念,声音主题单元涉及的核心概念是:当事物发生变化或被改变时,会发生能量的转化。具体的概念有:声音的产生是物体振动的结果;声音有大小、高低的不同;通过改变物体的振动,我们可以使声音发生不同的变化。由于声音的内容在教材中只

[①] 本课例由张晓静老师执教。

有四年级有所涉及，在学生学习科学的整个过程中具有不可复制性，所以这个内容对于学生了解声音有着重要的作用。通过实验和观察认识到声音是由物体振动产生的，培养学生的实验观察能力、分析概括能力和创新能力。

本课分成三个部分：

第一部分是了解声音的主要功能是传递信息。创设情境，使学生在听声音的游戏中感知声音在生活中的重要作用，将学生引入声音的世界。

第二部分是想办法制造声音。围绕课题设计造声活动，考虑到是三年级的学生，接触科学活动时间短，没有很强的活动能力，第一个活动限制物体，造出不同的声音。目的是让学生知道发声的方法很多，丰富学生对声音的感知与认识，在此基础上让学生感受声音的变化。

第三部分是发现物体发声的规律。运用间接观察法和归纳法发现物体发声的共同规律，由于物体的振动，不是肉眼都能容易观察到的，因此，引入了间接观察法，借助一些其他的物体将物体的振动可视化。本课是四年级的内容，但是考虑到三年级的学生探究能力较弱，还没有掌握正确的探究方法，所以第一个探究活动，先由教师演示音叉振动实验，通过演示实验，教会学生探究的方法，并引导学生发现物体的发声规律。选取音叉实验，是因为在音叉发出声音时的振动较为明显，而且学生可以用手清楚地感觉到手会出现麻的现象。可以让学生通过听、看、摸等探究方法，认识物体的发声规律，为学生自主探究打下坚实的基础。

本次的探究活动，留给学生自主学习的时间和空间要充分，让学生通过上一个演示实验的探究方法，通过鼓、口琴、锣等其他物体，让学生自主探究物体的发声规律。在充分感受实验后，让学生从中归纳出声音产生的共同规律：声音是由于物体振动产生的。基于对教材内容的理解和分析，结合学生的原有逻辑思维能力和学习水平，笔者对本节课的教学流程做了如下预设：创设情境，感知声音；实验探究，建立声音产生概念；归纳概括，拓展应用。这样设计的目的是让学生从原有的认知出发，感受声音在生活中的重要性。根据三年级学生的学习特点、探究能力，教师要做到"问与学"的和谐统一，即注意对学生探究能力的培养，又要留给学生自主探究的时间和空间，让学生自己动手完成实验。

本课涉及的教学方法有：通过情景模拟可以使学生对声音产生直接体验，增加感性，视听并用，在各种声音的情境中激发出学生对声音的兴趣；利用探究性实验发现不同物体发声的共同规律；使学生发表自己关于物体发声原因的认识，在思维的碰撞中梳理出对物体发出声音的认识，让学生在"问与学"中发现发声的本质。

让学生运用多种方法和常见材料来"制造声音"，对发声与不发声的物体进行观察、比较，并对观察到的现象进行积极思考，建立起"声音是由物体振动产生的"的初步认识。最后从反取证："声音是由物体振动产生的，那如果物体停止振动，声音是否会消失？"再次验证假设。这样的设计满足了社会和学生双方面的要求，符合学生的探究规律，特别是让学生经历了整个探索与求知的过程，从而在自主探究的过程中培养学习的能力。

【教学目标】

1. 知识与技能

（1）能用扩散性思维设计出各种制作声音的方法。

（2）通过观察物体发声时的状态，抽象概括出声音是由物体振动产生的。

（3）知道摩擦、弹拨、敲击、吹气可以使物体振动，从而发出声音。

（4）引导学生通过观察，比较发声物体和不发声物体的状态，并对这一现象进行积极思考，探究声音产生的原因。

2. 过程与方法

（1）通过创设情境质疑—猜想假设—观察实验—合作交流等方式，让学生亲历科学探究过程中的每个环节。

（2）培养学生掌握观察现象、提出问题、推测结果、实验验证、得出结论，以及感受"问与学"的思维方法。

（3）在动手实验过程中，通过看、摸、画、说等方法进行探究。

3. 情感态度价值观

（1）能够通过亲身感受发现事物之间的联系。

（2）学会与他人交流，体会探究声音的乐趣。

【教学重点】

在观察、比较、讨论、交流中认识到声音是由振动产生的。

【教学难点】

通过观察、比较，将声音的产生与物体振动建立起联系。

【教学准备】

音叉、口琴、鼓、音钹、活动记录表等。

【教学流程】

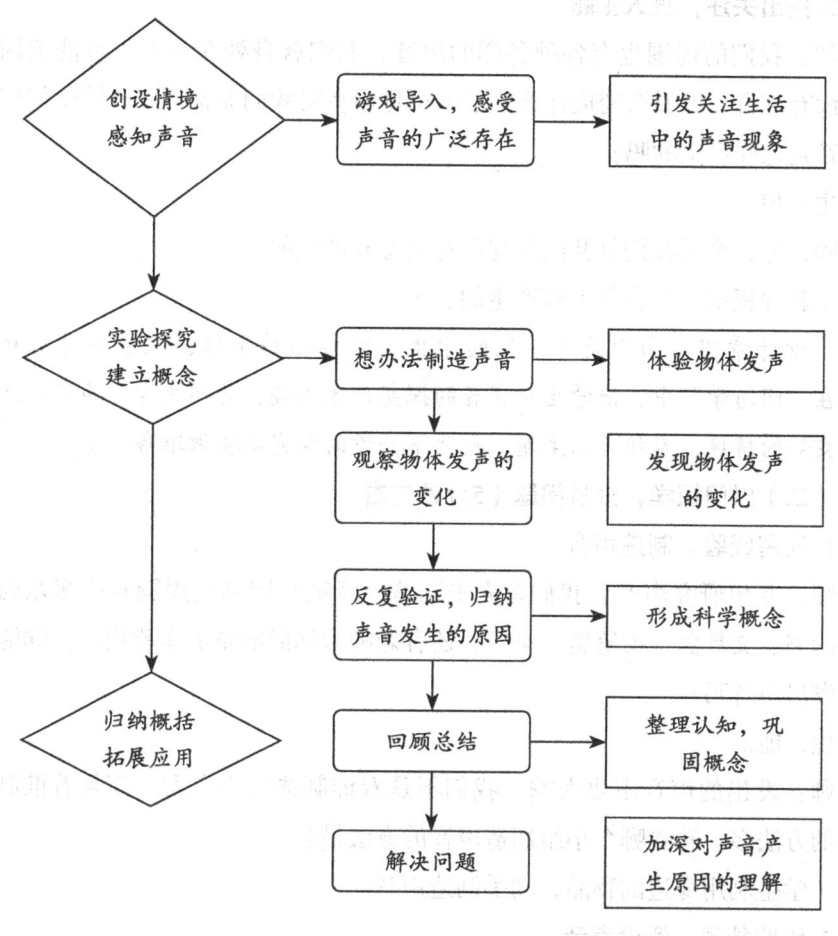

【教学过程】

（一）以问启学，提出问题（3分钟左右）

1. 以问启学，激发兴趣

师：请同学们来玩一个小游戏，游戏的名字叫：猜声音。大家闭上眼睛，仔细听，看你能听到哪些声音。

生：摩托车发动、行驶的声，池塘里青蛙、小虫叫的声，大海潮声，海鸥鸣叫声，电闪雷鸣声。

师：自然界里有各种各样的声音，我们的周围有声音吗？

生：有。

师：我们的周围都有哪些声音？

生：有铃声、汽车喇叭声、说话声。

2. 提出关注，直入主题

师：我们的周围也有各种各样的声音，我们就身处在一个声音的王国。如果没有声音，世界会变成什么样子？可见声音对我们非常重要。同学们想知道声音是怎样产生的吗？

生：想。

师：好，今天我们就共同研究声音是怎样产生的？

（教师板书：声音是怎样产生的。）

（设计意图：由于是三年级的学生，刚接触科学课，笔者通过游戏引入，在"问与学"中，使学生对声音的探究产生兴趣，为学生学习声音的产生创设良好的情境，直接导入主题，也为下一步的探究实验做准备。）

（二）以问探学，分析问题（5分钟左右）

1. 利用经验，制造声音

师：要想研究声音，我们首先来制造声音吧！同学们周围有很多东西，我们的书、文具盒、铅笔袋、桌椅，还有老师为你们准备的实验用品。你能让他们发出声音吗？

生：能。

师：发出的声音不要太响，我们不是看谁制造的声音大，而是看谁制造声音的方法多，看看哪个小组制造声音的方法最多。

（学生利用身边的物品，动手制造声音。）

2. 大胆猜想，假设声音

师：刚才同学们已经成功地让这些东西发出了声音。你能大胆猜一猜，你们认为声音是怎样产生的呢？

生：敲击、碰撞、摩擦、摇晃等。

师：猜测是科学发现的前奏，你们已经迈出了成功的第一步。那声音产生的秘密我们真的找到了吗？要想知道声音究竟是不是因为摩擦、撞击、弹拨、敲打等原因产生的，我们还要做进一步的实验，进行更深入细致的观察和研究。

（设计意图：让物体发出声音是很简单的事情，但关键有的办法行，有的办法虽然不行，反而会更加重要。意识到发声动作和方法与声音的产生并不是很有关系，这是这个活动展开的真正意图。同时，为下面实验过程中，让学生仔细观察物体的发声状态做铺垫。）

（三）以问定学，验证假设（25分钟左右）

1. 引导探究音叉发声

师：如图1所示，音叉——这是一种用钢制成的U形实验仪器，它是用来调试乐器音准的仪器，用橡胶小槌轻轻敲击它就会发出声音。

图1　实验仪器

师：你能够描述一下音叉发出的声音吗？

生：很悠扬。

师：如果给你音叉，你准备怎样研究？你能用音叉证明声音是振动产生的吗？

生：可以看，也可以用手摸。

师：请同学们注意观察，当老师敲击音叉时，音叉会发生什么变化呢？

生：晃动。

师：你可以用动作描述出这样的状态吗？

（学生抬手左右晃动。）

师：下面请同学们睁大眼睛，来看一个神奇的现象。

（如图2所示，实物投影出示烧杯水，教师轻敲音叉，然后迅速放入水中，学生会看到水花四溅。）

图2　水花四溅的烧杯水

师：杯子里的水为什么会飞溅？

生：是音叉的振动产生的。

师：请同学们继续观察，当老师敲击音叉后，你听见了什么？音叉发生了什么样的变化？

生1：敲击后，音叉发出声音，音叉在晃动。

生2：在振动。

（教师板书：振动。）

师：什么样的振动？你能用手势比划一下吗？（学生用手左右晃动）你能用图把这样的振动画出来吗？

（教师请学生到黑板来画出振动的图案。）

2. 反面验证发声假设

师：声音是由物体振动产生的，使原来发声的物体停止振动，声音是否就会停止呢？（教师再敲击音叉，突然用手握着音叉）为什么声音突然停止了？

生：可能振动停止了。

师：声音是怎样产生的？

生：声音可能是振动、晃动等产生的。

师：同学们发现物体发出声音时的状态有的颤动、有的晃动，你们观察得很仔细，说得也很正确，那么我们用一个更加科学、准确的词语加以概括，那就是振动。

3. 亲身探究音叉发声

师：同学们想自己动手试一试，亲身感受音叉的振动吗？做实验需要把实验的情况及时记录下来。下面，就请同学们用音叉来进行探究，并且将你的实验结果记录下来。

（课件出示实验记录表。学生分组实验，亲自探究，感受音叉的发声与振动。）

教师出示实验报告，引导学生填写实验报告。

实验报告

《声音是怎样产生的》研究记录表（　　　）组

研究问题：声音是怎样产生的？

发声物体	研究方法	发声时物体的状态
	看	
	听	
	摸	

实验结论：声音是由_____产生的。

（温馨提示：可以用画图和文字描述。）

（设计意图：以观察音叉发声的探究活动为基础，想让学生通过显而易见的振动，从而理解只要有声音就有振动的存在。该活动使学生的注意力快速聚焦到发声的音叉，再快速地来回运动，有利于引发学生思考物体发出声音与物体上下来回运动之间的关系。让学生初步感知声音是由物体振动产生的。培养学生学会观察和探究问题的实验能力。因为考虑是三年级的学生，在开始科学探究实验活动的教学中，笔者进行了一定的探究引导，并引导学生及时填写实验记录。如果是四年级的学生，就可以将音叉活动与其他实验活动进行整合，给学生留出更多的时间进行自主探究。）

4. 深入问学，自主探究发声

师：为了科学的严谨性，我们需要用实验的方法进一步验证我们的想法，到底声音是不是由物体振动产生的？是不是所有的物体发声都会振动呢？

生：我们可以用老师提供的实验物品进行验证，并及时做好记录。

师：实验要求是：①选择感兴趣的实验用品继续研究；②采用多种方法使其发声，仔细观察物体发声和不发声时有什么不同；③及时记录实验报告单。

（学生分组实验，教师巡视指导。在巡视过程中，教师要关注每一组的研究情况，并适当指导个别组的研究，记录各组的研究情况，并适当对学生进行评价。）

师：同学们的实验做得怎么样？下面我们一起来汇报交流，好不好？

生：好。

师：哪个小组先来汇报呢？

生：第一小组。

师：好的，下面请第一小组的同学先来汇报，其他同学可以补充。

生：不发出声音时物体是静止的状态；发出声音时物体是振动的状态，可见物体的振动是声音产生的直接原因。

师：同学们总结得很到位！

（设计意图：本环节以问定学，让学生按照已有的探究经验进行探究活动，引导学生围绕"发声的物体一定是振动了吗"这一话题从正反两个方面验证，让学生进一步体会声音是由物体振动产生的。通过实验探究让学生更透彻地理解声音产生的奥秘，运用小组合作交流的方式，让学生积极参与合作，提高学生的合作意识，学生把小组交流的过程当作发现别人研究的新方法和新问题的过程，能学到更多的知识和能力。让学生用看、听、摸的方法观察物体，亲身感受音叉的振动状态。笔者引导学生通过其他物体，间接观察物体的振动，留给学生更多的时间进行自主探究，观察和比较物体发声时与不发声时的现象，从而得出物体不发出声音时是静止的状态，发出声音时是振动的状态的结论。让学生从反面验证：声音真的是由振动产生的吗？振动停止，声音就停止吗？通过反证可以让学生对声音的产生有更全面的认识，让学生更加形象、深入地理解振动的概念。整个探究实验教师由扶到放，让学生在实践活动中学会观察、记录、思考。通过相同现象的观察分析，自然而然得出发声物体与振动的关系。）

（四）问学合一，拓展应用（7分钟左右）

师：让我们一起来唱一首歌。但是老师有一个要求，请同学们把手放在喉咙上。

（生齐唱小苹果。）

师：同学们的手有什么感觉？为什么会有这样的感觉呢？

生：喉咙在振动。

（教师播放声带发声原理视频。）

师：通过今天这节课的学习，同学们有什么收获呢？

生：声音是由物体振动产生的。振动消失，声音就会消失。

师：在刚刚上课时，同学们猜测声音产生的原因可能是由于摩擦、撞击、乐器、说话等现象，通过自己动手实验，同学们知道了声音原来是由物体振动产生的。

师：有关声音还有什么问题？

生：声音是怎样传播的？

师：只要同学们肯动脑、动手，就能揭晓更多的秘密。

（设计意图：问学合一，让学生感受到我们的身体也能发出声音，进一步加深学生对声音是由物体振动产生的印象。通过视频播放人体声带的发声原理，让学生清楚地认识到物体发声的奥秘。通过将物体的变化显性化，从而揭示声音产生的原因，通过不同的变式进一步加深学生对振动是声音产生的直接原因的认识，建构有关声音产生的原因的概念。）

【教后反思】

1. 以问启学，提出问题

问题的创设对于"问学课堂"的开展非常重要，教师应创设一定的问题情境，帮助学生在情境中确定研究的问题。本节课通过游戏情景的引入，使学生产生兴趣，让学生通过观察音叉等物体的发声过程，发现物质发出声音的共同特点是振动，引导学生得出声音是由物体振动产生的结论。

2. 以问探学，分析问题

以问探学，对教材认真分析理解，将教材内容重新整合。由于三年级学生的认知水平和知识水平的局限性，许多认识仅存于表象，因此，设计的探究过程是一个由浅入深，由收到放的过程。在这节课中，笔者通过课堂教学中常用的看、摸、说等方法引导学生积极寻找物体发声的共同特征，一看、二摸、三做、四说的探究方法贯穿了音叉、鼓、橡皮筋等物体发声实验的始终，学生在这几种方法的引导下，认真观察，创新思维，再现了物体发声的真实场景。

3. 以问定学，验证假设

为验证假设，以问定学，学生进行自主归纳与反证。让学生通过比较摆动、晃动、振动的运动特点，得出声音是由物体振动产生的结论。在思考"是否所有的发声物体都在振动"时，可将正在发声的物体（鼓、音叉）停止振动，听听是否还有声音，从而反证出声音是由物体的振动产生的，使结论更有说服力，起到加深学生对概念记忆的作用。问以学为基础，在这些教学方法的引导下，学生的学习将更加投入、专注、自主、高效。

4. 问学合一，拓展应用

通过不发声的音叉与发声的音叉的不同现象的对比，使学生发现是音叉的振动产生了声音，再通过使音叉振动停止，声音就没有了，使学生得出物体振动停止，声音就会消失的结论。

　　通过本节课的学习，让我明白了，要想上好一节课就要做到问学——因问而学，由问成学。在问题中引领学生学习，不断对问题的本质深入理解，突出对转化思想的理解。"问学合一"的得当与否是相当关键的，"问学合一"处理得好就成为课的闪光点，处理得不好就会成为败笔。今后，教师要继续在问与学上下功夫，才能更好地引导学生进行科学探究。

参考文献

[1] 吴正宪,张丹.让儿童在问题中学数学[M].北京:教育科学出版社,2017.

[2] 王天蓉,徐宜,等.问题化学习——教师行动手册[M].上海:华东师范大学出版社,2015.

[3] 王天蓉,徐宜.有效学习设计:问题化、图式化、信息化[M].北京:教育科学出版社,2010.

[4] 钟启泉,崔允漷.核心素养研究[M].上海:华东师范大学出版社,2018.

[5] 布朗·基利.学会提问[M].吴礼敬,译.北京:机械工业出版社,2015:3.

[6] 王卫标,鲍建立.初中数学提出问题教学研究[M].北京:北京师范大学出版社,2012.

[7] 黄河清.高中数学"问题导学"教学法[M].北京:教育科学出版社,2013.

[8] 熊福建,王金涛."问学课堂":将核心素养化为基本素质[J].教育研究与评论,2016(11):24-30.

[9] 熊福建,王金涛."自主成长"课程体系的构建与实施[J].小学教学研究,2015(4):18-21.

[10] 怀特海.教育的目的[M].庄莲平,王立中,译.上海:文汇出版社,2012.

[11] 熊福建,等.成长在"问学"路上——基于学生核心素养发展的课程深度建构与教学改革实验[J].小学教学研究,2016(11):13-17.

[12] 马鹏华,熊福建,等.致力于学生素养发展的"问学课堂"[J].语文教学通讯,2017(3):68-72.

[13] 何少叶.让"学生的提问"点亮小学语文课堂[J].福建教育学院学报,2015(6):20-21.

[14] 陈红.儿童"问学语文"的价值追寻及实践方略[J].辽宁教育,2017(4):21-26.

［15］周黎明."问学课堂"中传接球渐进式合作的教研探究［J］.体育教学，2018（10）：64-65.

［16］孙双金.发现教师：揭开学校发展的密码［J］.人民教育，2016（13）.

［17］陶西平.把学生放在正中央［J］.人民教育，2016（6）.

［18］王金涛.儿童"问学力"培养的实践表达［J］.上海教育科研，2017（6）：65-68.

［19］张楚廷.学会发问［J］.中国教育学刊，2003（9）：22-23.

［20］张传燧，周卓莹.学生"问学"意识和能力培养［J］.中国教育学刊，2007（6）：53-55.

［21］刘国文，顾长明.构建知识网络，提升几何素养［J］.教育视界，2016（6）：53-55.

［22］郭有吉.基于语块教学的英语"问学"课堂［J］.现代中小学教育，2017（2）：23-26.

［23］胡文东.疑思导学：学起于思，思源于疑［J］.教育科学论坛，2016（11）：48-50.

［24］马玉春.基于FTF的小学生语文素养评价策略［J］.辽宁教育，2018（12）：27-30.

［25］宗骞.小学科学问题意识的培养［J］.科学大众·科学教育，2016（6）：50.

［26］王秀荣.小学科学教学的课堂有效提问探析［J］.小学科学，2012（4）.

［27］姚本先.论学生问题意识的培养［J］.教育研究，1995（10）：40.

［28］祁明艳.儿童"问学力"的挖掘与培养［J］.七彩语文（教师论坛），2016（12）.

［29］侯玉莹，焦强磊.从导学到问学：课堂教学改革的新路向［J］.当代教育理论与实践，2017（2）：20-23.